RESUMO: BIG DATA PARA EXECUTIVOS E PROFISSIONAIS DE MERCADO

JOSE ANTONIO RIBEIRO NETO

DIREITOS AUTORAIS

PREFÁCIO

Bem-vindo ao livro "RESUMO: Big Data para Executivos e Profissionais de Mercado".

Trata-se de uma reorganização dos conteúdos das Segunda e Terceira Edições, proporcionando uma leitura mais leve, considerando que:

- Os textos foram redimensionados em uma linguagem menos técnica possível.
- As seções de Curiosidades foram retiradas, não úteis aos novos resumos.
- As seções de Resumo são novas, implementadas para revisão rápida dos conteúdos.
- Capítulos mais técnicos estão disponíveis como Apêndice para leitura opcional.

O valor agregado deste livro RESUMO, está na economia de tempo, aplicada ao aprendizado dos conteúdos e revisões rápidas. Como um livro de Cabeceira, você pode reler ao final as seções de Resumo, revisando conceitos, adquirindo em pouco tempo uma visão ampla da tecnologia.

O livro tem como objetivo resumir conhecimentos de Big Data. Conceitos, tecnologias, aplicações, estudos de caso. Análise de dados, Insights, Machine Learning e ações práticas para resultados de negócios. Impacto na sociedade. Carreiras de dados.

O conhecimento foi estruturado de maneira informativa, menos técnica, para rápido aprendizado.

Elaborado para Executivos e Profissionais que queiram obter informações sobre esta nova área que está revolucionando as empresas, seus produtos e serviços, alterando mercados e as carreiras profissionais existentes.

Big Data é uma tecnologia "Moonshot", daquelas que surgem e alteram profundamente a vida das pessoas e suas carreiras profissionais.

Empresas e profissões se tornam cada dia mais "data-driven" (orientadas para dados). Uma nova cultura de dados será exigida dos profissionais, que devem incorporar a Análise de Dados como uma de suas habilidades profissionais. São alertas para Executivos e Profissionais interessados em entender essa nova área.

Que a leitura deste Resumo possa despertar o interesse sobre Big Data e sirva de orientação para o seu crescimento pessoal e profissional.

Obrigado pelo seu interesse e desejamos uma boa leitura.

Bem-vindo ao mundo do Big Data.

DEDICAÇÃO

O tempo é o maior inimigo da criatividade.

Quase tudo o que fazemos na vida acaba se tornando mais demorado, mais longo, extenso e profundo, do que o imaginado na concepção.

Os detalhes finais do que está sendo escrito, quem sabe, o momento mais prazeroso da autoria, garantem que a missão está chegando ao fim, e ao mesmo tempo lembram que ainda poderia ser melhorado, promessa para as próximas versões.

Dedico este livro à minha família, que incentivaram a sua produção. Selma (esposa), Germano e Belle (filhos), Camila (nora) e Guilherme (genro). Aos amigos Valter, José Paulo, Alexandre, Cassiano, Salles e Zechin eternos companheiros da Educação. Minha amiga e conselheira Maria Inês Fini. Aos amigos do trabalho, Fabiana, Eveline e Vilma, pela amizade. Aos amigos revolucionários Vanderlei e Daniel.

Aos amigos Americanos Norm Olsen, John Copher, Brad Beecher. Ao Paulo Granja, meu grande amigo de Portugal. Aos amigos Fernando e Beluce da Universidade Cândido Mendes. Ao amigo irmão Roberto Rocha. Minhas irmãs Fátima, Lúcia e suas famílias, meu pai (já falecido) e à minha mãe, razão de nossas vidas.

Agradeço a Deus, nosso criador, que nos oferece a dádiva da vida, e nos concede o tempo e o dom de aprender.

Autor.

O QUE VOCÊ VAI APRENDER?

"Uma longa caminhada começa pelo primeiro passo" Lao Tsé.

Este livro é um primeiro passo para você conhecer e se interessar por Big Data.

Avalie o resumo de aprendizado que fará nesta jornada.

1 - Introdução ao Big Data e Ciência de Dados. Como dimensionar os Dados. Classificação dos Dados. Os V's do Big Data. Introdução à Ciência de Dados. Cientista de Dados e Big Data. Principais Tecnologias aplicadas ao Big Data. Tecnologias de nuvem, sistemas, hardware e software.

2 - Ecossistema Hadoop e a sua importância para Big Data. O paradigma da programação em paralelo MapReduce para resolver problemas em Big Data. Data Lake, Data Warehouse e os processos de ETL para Big Data.

3 - Análise de Dados em Big Data. A Ciência de Analytics e suas derivações para Predictive e Big Data Analytics. As ferramentas de Analytics e suas aplicações em Big Data. Modelo Gartner para a Análise de Dados.

4 - Machine Learning (ML) ou Aprendizado de Máquina e a sua relação com Big Data. Aplicações de ML para Big Data. Algoritmos utilizados em ML. Plataformas de desenvolvimento de ML. Introdução à Visualização de Dados. Principais ferramentas de Visualização de Dados.

5 - Principais carreiras profissionais em Big Data. Empresas que criaram Big Data e utilizam a tecnologia.

Aplicações de Big Data nas empresas Brasileiras. Aplicações de Big Data para redes sociais e IoT.

6 - Privacidade e Governança em Big Data. Influenciadores de Big Data e Data Science. Como se tornar um Data Scientist. Orientações Acadêmicas. Orientações Curriculares.

7 - Big Data para Executivos. Big Data para Profissionais de Mercado. Conclusões gerais sobre a Era de Big Data e suas implicações na vida empresarial e profissional.

CONTEÚDO

CAPÍTULO 1. INTRODUÇÃO AO BIG DATA

Big Data atrai a curiosidade.

Representa dados em grandes quantidades, em uma dimensão não imaginada alguns anos atrás, e que um dia poderiam vir a ser armazenados e processados por computadores a um baixo custo.

O termo surgiu para se referir às aplicações de computadores que utilizam grandes volumes de dados em diferentes formatos, que podem ser agrupados, lidos, convertidos, analisados com técnicas estatísticas, matemáticas e computacionais, gerando um novo tipo de conhecimento chamado de "Data Insight", algo conclusivo e ainda nunca pensado sobre os dados originais.

A geração de insights a partir dos dados, pode resultar tanto na decisão de uma mudança brusca na orientação de um negócio, quanto na criação de um novo produto, chamado de "Data-Driven Product" (Produto Orientado a Dados) que podem revolucionar a empresa e os seus negócios.

As empresas mundiais que se valem desta tecnologia, são conhecidas como "Data-Driven Companies". As que ajudaram a fundar esta nova área, se diferenciaram e valem bilhões de dólares. Para citar algumas, temos a Google, Yahoo, Uber, Tesla, NetFlix, Amazon, LinkedIn, Facebook entre outras.

Muitas empresas estão buscando se adaptar ao novo mundo do Big Data, da Análise de Dados e das decisões orientadas pelos insights sobre os dados. Para algumas, a sobrevivência depende deste conhecimento.

De onde surgem tantos dados? Como são gerados? Como podem ser aproveitados? Quais profissionais trabalham em Big Data? Quais são as principais tecnologias? Quais são os tipos de aplicações para Big Data? Como elas afetam as empresas e os indivíduos?

Enfim, estas e outras questões serão respondidas neste livro.

Seção 1 - Fontes de Geração de Dados

Os dados gerados para Big Data provêm de três fontes: Pessoas, Máquinas, Empresas.

1 - Pessoas

Geram dados a partir de Redes Sociais (Facebook, Twitter, Instagram, LinkedIn), e-mails, uso de Internet, geração de documentos, publicação de blogs, etc.

2 - Máquinas

Geram dados a partir de sensores, satélites, arquivos de logs, câmeras, máquinas de sequenciamento genético, telescópios espaciais, sondas, etc.

3 - Empresas

Geram dados a partir de transações comerciais, cartões de crédito, sistemas de controles administrativos e financeiros, comércio eletrônico, registros médicos, vendas de produtos, pesquisa de novas tecnologias, etc.

Figura 1- Geração de Dados (créditos pixabay)

SEÇÃO 2 – DADOS SÃO O NOVO PETRÓLEO

A frase "Data is the new oil" surgiu em 2006 e desde então vem sendo utilizada com frequência em publicações importantes, citadas por CEOs e líderes mundiais da Fortune 500, para se referir à importância do dado e da informação nesta era do Big Data.

Trata-se de uma Analogia, pois da mesma forma que há um século atrás, as empresas que conseguiram explorar Petróleo, acumularam vasta riqueza, estabeleceram monopólios e construíram a base da economia, hoje, as empresas "data-driven" como a Google, Facebook, Uber, Amazon, Yahoo, entre outras estariam fazendo o mesmo com a nossa economia.

Vivemos em uma economia digital, onde os dados são muito valiosos. É a chave para a boa funcionalidade do mundo, desde governos até empresa. Sem eles o progresso do mundo seria interrompido.

Figura 2 - Data os the new oil (créditos pixabay)

Dados são o combustível que direciona a economia, e provavelmente estamos passando a viver na chamada "Data Economy" (Economia de Dados).

SEÇÃO 3 – DARK DATA (DADOS ESCUROS)

Estima-se que para 2030 mais de 90% dos dados serão não estruturados e esta explosão de dados, vai superar a capacidade humana em utilizá-los.

Dark Data ou Dados Escuros, são dados adquiridos através de várias operações pelas empresas e não utilizados para fins de análise. Pode-se decidir manter estes dados para uso futuro, com custos adicionais de armazenamento ou descartá-los por considerá-los sem utilidade.

O acelerador de partículas atômicas (Large Hadron Collider) da Organização Europeia para a Pesquisa Nuclear, é o maior do mundo, gerando 25GB de dados por segundo. A maior parte destes dados tem de ser descartada pois o volume é tão grande que invalidaria seu armazenamento e tempo hábil para análise.

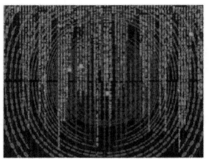

figura - Dark Data (direitos pixabay)

Quando se tem geração de dados em alta velocidade, e não é possível armazena-los totalmente, são utilizadas técnicas de amostragem, colhendo apenas uma fração dos dados mais representativos que não comprometem a análise.

Seção 4 – Máquinas geram mais Dados

Big Data se tornou viável combinando grandes volumes de dados, associados ao baixo custo das tecnologias de hardware, software e computação de nuvem, e a necessidade das empresas gerarem novos conhecimentos, ou "insights" para garantirem a sobrevivência

Mas, quem gera mais dados? Empresas, Pessoas ou Máquinas? Máquinas geram mais dados.

Geram 100 vezes mais dados que as empresas e 10 vezes mais dados que as pessoas.

figura - Máquinas gerando dados (créditos pixabay)

Resumindo:

Empresas = geram 1X
Pessoas = geram 10X
Máquinas = geram 100X

Alguns exemplos de dados gerados por máquina são: sensores de todos os tipos embutidos em equipamentos, sensores em máquinas em geral, clusters de computadores, logs gerados dispositivos (computadores, smartphones, celulares, nós de redes, roteadores), telemetria por satélites, chips RFID, Sistemas de GPS, software que geram cálculos automáticos, sistemas de aprendizado de máquina, sistemas de automação, Internet das Coisas (IoT), entre outros.

Capítulo 2. Como Dimensionar os Dados

Se você tem um celular ou computador, deve ter noção da capacidade de armazenamento.

Um celular tem 16, 32, 64GB ou mais, para armazenamento. Um computador 4, 8 ou 16 GB de memória RAM e discos de 250, 500 GB, ou 1TB.

Se o seu celular tem 64GB de espaço, equivale a dizer que podem ser armazenados 64 x 1.073.741.824 Bytes ou Caracteres.

Medidas de dados são escalonadas utilizando como base numérica o sistema binário (base 2) dos computadores. Assim, 2^{10} (dois elevados à potência 10) equivale a 1.024 Bytes.

Vamos conhecer estas medidas, para adquirir uma noção do volume de dados gerados em Big Data.

Unidades de Medidas de Dados e Valores.

1 Byte	= 1 Caractere ou 8 bits
1 kilobyte (KB)	= 1024 bytes
1 MegaByte (MB)	= 1024 KiloBytes
1 GigaByte (GB)	= 1024 MegaBytes
1 TeraByte (TB)	= 1024 GigaBytes
1 PetaByte (PB)	= 1024 TeraBytes
1 ExaByte (EB)	= 1024 PetaBytes
1 ZettaByte (ZB)	= 1024 ExaBytes
1 YottaByte (YB)	= 1024 ZetaBytes

Você utiliza medidas diariamente, como quilos para peso, metros ou quilômetros para distância, e ao longo do tempo vai se adaptar naturalmente à estas medidas de dados.

Medir dados é sempre um processo assustador, pois vamos perceber que o volume aumenta exponencialmente e nossos dispositivos não estão preparados para todo este armazenamento, sendo necessário recorrer para as tecnologias de nuvem que fornecem armazenamento quase ilimitado ao que precisamos.

SEÇÃO 1 – MEDINDO O TAMANHO DOS DADOS

Uma foto de boa resolução tem em média 5MB (milhões de bytes).

Se tirar 100 fotos, vai precisar de um espaço de 500 MB para armazena-las. Pen drives armazenam em média de 32 à 256 GB e podem ser úteis. Se precisar, utilize gratuitamente em nuvem o Google Fotos com 30 GB.

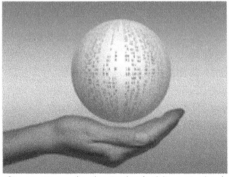

figura - Tamanho dos Dados (créditos pixabay)

Quando falamos em Big Data, as unidades de medida começam na casa dos TeraBytes e PetaBytes de dados e não mais na casa dos KB, MB ou GB que estamos acostumados.

Observe comparativamente os números a seguir, na casa dos milhões, bilhões, trilhões, quatrilhões e quintilhões de Bytes.

1 MegaByte (MB)	= 1.048.576 Bytes
1 GigaByte (GB)	= 1.073.741.824 Bytes
1 TeraByte (TB)	= 1.099.511.627.776 Bytes
1 PetaByte (PB)	= 1.125.899.906.842.624 Bytes
1 ExaByte (EB)	= 1.152.921.504.606.846.976 Bytes

SEÇÃO 2 – DADOS GERADOS POR WEARABLES

Uma área que vem chamando a atenção é a dos "Wearables", que consistem em dispositivos tecnológicos vestíveis utilizados por usuários tais como relógios, pulseiras, fones de ouvido, óculos de realidade virtual e mesmo roupas com sensores para medições de atividades humanas.

Os mais comuns, sem dúvida são as pulseiras ou relógios inteligentes (smartwatches), ótimos para medições de exercícios físicos. Em média eles obtém de 2 a 5 GB por dia de dados sobre as atividades de uma pessoa.

figura - Smartwatch (créditos pixabay)

Utilizando um destes dispositivos para controlar a sua saúde, em um ano, prevê-se que você teria adquirido 365 x 5GB = 1.8 TeraBytes, e em 10 anos 18 TB de dados.

Dados pessoais e dados gerados por pessoas se tornaram o Santo Graal dos negócios para as empresas "data-driven", como a Google e Facebook. Dados pessoais devem ser tratados de forma estritamente confidencial.

SEÇÃO 3 – DADOS GERADOS POR IOT

Quase tudo o que conhecemos na Terra um dia vai ser um gerador de dados, incluindo nossas casas, carros e mesmo os nossos corpos.

Observe ao seu redor e verá que muitos dispositivos estão conectados na Internet, celulares, computadores, TV Digitais, relógios inteligentes, wearables, vídeo games, carros, e até as geladeiras. Pode-se controlar as luzes de uma casa, temperatura, ou identificar uma invasão, a partir de um Smartphone. Estima-se que 250 mil veículos estarão conectados à Internet até o ano 2020.

Fora do ambiente doméstico, objetos de todos os tipos estão se conectando, tais como semáforos, ATMs, GPS, satélites, aviões, carros, fábricas, entre outros.

Chamamos esta hiperconectividade de Internet das Coisas (Internet of Things ou IoT), que pode ser considerada uma rede global de dispositivos conectados, gerando dados velozmente, criando um sistema consciente, autônomo e acionável, sem necessidade de interação humana.

figura - IoT (créditos pixabay)

Temos 8,3 bilhões de dispositivos conectados, o que é mais que a população mundial. Estima-se que teremos de 50 a 75 bilhões de dispositivos conectados 2020 e 2025.

Big Data e IoT caminham juntos, pois os dados gerados por IoT trazem o volume e velocidade que interessam às aplicações de Big Data. A viabilidade de IoT se dará por completa com a implementação das tecnologias de 5G.

CAPÍTULO 3. CLASSIFICAÇÃO DOS DADOS

Aplicações tradicionais de computadores utilizam dados estruturados, tabelas com linhas, colunas e campos bem definidos para processamento.

Os dados na era do Big Data, originam-se de diversos locais, com diferentes tipos e formatos, o que torna complexa a sua manipulação.

Organizamos os dados em 3 tipos:

> 1 - Estruturados
> 2 - Semiestruturados
> 3 - Não estruturados

As aplicações de Big Data visam realizar a análise dos dados provenientes de diferentes locais e de diferentes tipos.

Em uma aplicação, podemos pensar em dados misturados, uma parte vinda de um Banco de Dados estruturado, outra de um Satélite em formato GIS, outra de arquivos como Word e Excel, outra das Redes Sociais, outra parte de sensores de máquinas.

De uma mistura como essa, vamos produzir "Insights", que nos conduzirão à solução de problemas, à resposta de uma pergunta, ou quem sabe à criação de um novo produto empresarial (chamado de produto de dados).

SEÇÃO 1 – DESCREVENDO OS TIPOS DE DADOS

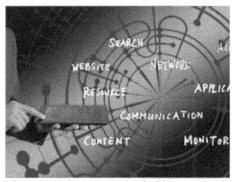

figura - Formato dos Dados (créditos pixabay)

Dados Estruturados, Não estruturados e Semiestruturados são os tipos de dados existentes.

Descrevendo estes tipos de dados, temos:

1 - Dados Estruturados

São organizados em linhas e colunas, em formato de tabela, e são encontrados em banco de dados relacionais, sendo muito eficientes quanto à recuperação e processamento. Planilhas eletrônicas e SQL (linguagem dos Bancos de Dados) são próprios para acesso e manipulação destes dados.

2 - Dados Semiestruturados

São dados com organização diferenciada, normalmente provenientes da Web nos formatos XMLe JSON, que precisam de uma prévia análise dos dados para identificação de sua estrutura.

3 - Dados não estruturados

São dados de vídeo, áudio, e-mails, documentos de textos em geral (posts, blogs) e dados gerados por aplicativos de redes sociais como mensagens do WhatsApp por exemplo. Estes dados requerem um pré-processamento para análise.

Dados podem estar em movimento ou em repouso.

Dados em Movimento (Data in Motion)

Dados em Movimento referem-se a dados de "stream", em trânsito, se movendo através da rede, de um lado para outro, de um nó para outro.

Por exemplo, o termo "live streaming" se refere às transmissões de vídeo via Internet e ao vivo.

Eles são parte importante de Big Data, com processamento e análise em tempo real, à medida que estão sendo capturados.

É mais difícil processar estes dados, pois têm custo maior, mas devido a sua importância, e se usados corretamente, podem colaborar para a empresa obter conhecimentos valiosos em tempo real para a solução de problemas.

O processo de proteção contra roubo dos dados em movimento é chamado de "Criptografia".

Dados em Repouso (Data in Rest)

Dados em Repouso estão armazenados em um destino estável, não estão em uso e nem viajando para outros destinos.

Uma vez que atingiram o seu destino, são armazenados, e recebem camadas de segurança adicionais como criptografia e proteção por senha.

São dados bem protegidos, como os armazenados em Armazéns de Dados, que possuem segurança utilizando estruturas de permissão de acesso para os usuários.

Estes dados são "ativos" muito importantes, pois além de contar a história da empresa, fornecem a base para a sua operação e existência.

Dados Pequenos (Small Data)

Small Data, é um termo utilizado para se referir a pequenas quantidades de dados, quantia esta suficiente para uma tomada de decisão.

Ao contrário de Big Data, não se trata de volume, mas de qualidade, é o dado que já está pronto, limpo, para ser utilizado em um computador departamental para uma análise de negócios. Dados provenientes de sistemas ERP ou CRM são exemplos de Small Data.

"Big Data" e "Small Data" são soluções complementares, e podem ser benéficas quando utilizadas para resolver problemas comuns. Ambas tem imenso significado na operação das empresas.

Seção 2 – A Explosão dos novos Dados

Dados são gerados exponencialmente em diferentes tipos e formatos.

Novas áreas como as de análise de genoma (mapeamento genético), Internet das Coisas (IoT), Pesquisa Espacial, Informação Geográfica com Satélites (GIS) e a área de veículos autônomos (driverless cars), são responsáveis por um aumento significativo no volume de dados gerados para aplicações de Big Data.

Exemplo, os dados gerados por segundo pelos componentes de um veículo autônomo são: Radar (de 10 a 100KB), Sonar (De 10 a 100KB), GPS (50KB), Câmeras (20 a 40MB), LIDAR 3D Scanner (10-70MB). O total de dados gerado em dia por um veículo autônomo é de 4.000GB ou 4TeraBytes. (créditos Intel)

figura - Veículo Autônomo - (créditos pixabay)

Um carro autônomo vai gerar por dia o equivalente aos dados gerados por aproximadamente 3.000 pessoas, isso equivale a dizer, que quando tivermos um milhão de carros autônomos rodando, eles equivalerão à geração de dados de 3 bilhões de pessoas.

Seção 3 – Dados são Arquivos

Você deve ter escrito um texto em Word, gravando o documento em disco, no formato de um "arquivo", para posterior revisão.

Arquivos são a base de processamento de um computador, com vários tipos e formatos (texto, executáveis, mensagens, banco de dados, gráficos, imagens).

figura - Arquivos e Processamento Distribuídos (créditos pixabay)

São organizados em pastas, que podem ser visualizadas utilizando o gerenciador de arquivos do sistema operacional. Estão disponíveis para manipulação em discos locais ou virtuais em nuvem.

Arquivos e Processamento em Big Data, são distribuídos e ficam espalhados em diferentes nós (computadores, discos) da rede, interconectados via rede local ou de longa distância. Trata-se de um sistema de processamento distribuído em paralelo, permitindo que o processamento seja executado em um nó mais próximo, ou mesmo subdividido para vários outros.

Dados podem ser estruturados, semiestruturados e não estruturados. Independente do tipo, eles ficam sempre armazenados em "ARQUIVOS" distribuídos através das redes.

CAPÍTULO 4. OS V'S DO BIG DATA

Para uma aplicação ser considerada de Big Data, é preciso que esteja de acordo com algumas características chamadas de V's do Big Data.

Entre elas, as cinco mais famosas, são: Volume, Velocidade, Variedade, Veracidade e Valor.

1 - Volume

Quando se trata de dados, 1uantidade não parece ser problema. Está se tornando comum falar em volumes de dados, envolvendo TB, PB e mais recentemente EB. Estima-se que o volume total de dados que circulam na internet por ano seja de 250 EB equivalentes a 10^18 (dez elevado à potência 18).

2 - Velocidade

Estamos falando em processamento em tempo real. Aquilo que acontece e imediatamente pode ser visualizado. Você envia um email, e o destinatário recebe imediatamente, monitora um paciente, e visualiza gráficos cardiológicos, consulta a análise do tempo, e obtém previsões imediatas. Pense em velocidade na criação dos dados, na transferência, armazenamento e análise.

3 - Variedade

Variedade de dados, de diversos tipos, formatos e natureza podem ser agrupados, para análise. Dados são complexos e heterogêneos, originados de diversas fontes em diferentes formatos. Dados de Satélite, por exemplo, são diferentes dos que você gera no Twitter, Facebook ou mesmo no Word quando escreve um texto.

4 - Veracidade

Equivale à qualidade, autenticidade e validade do dado. Interessa a todos garantir que os dados analisados sejam confiáveis e atuais.

5 - Valor

Criação de valor, equivale ao resultado final da análise, dos insights gerados. Quais perguntas foram respondidas? O resultado foi bom para a empresa? Qual foi de fato foi o valor acrescentado ao negócio?

SEÇÃO 1 – EXEMPLOS DOS V'S EM BIG DATA

Ao longo do tempo, outros V's foram incorporados ao Big Data, como Visualização e Variabilidade, mas ainda não são tão comuns. Alguns exemplos dos V's do Big Data são:

Velocidade e Veracidade: Milhões de pessoas usam o Twitter, Facebook, Instagram e WhatsApp. Os dados são produzidos em formatos de "streaming", e chegam em alta velocidade aos servidores destas empresas. Chegam também as localizações dos usuários, utilizando coordenadas de GPS, que quase sempre são imprecisas, nos levando a questionar a veracidade dos dados.

Variedade e Volume: Milhões de pessoas utilizam o Skype, que oferece vários tipos de comunicação como texto, áudio e vídeos, além da inclusão de arquivos de dados em vários formatos, como .pdf, .doc, .jpg. Todas estas informações geram uma enorme variedade e volume de dados.

figura - V's do Big Data (créditos pixabay)

Volume, Velocidade, Variedade, Veracidade: Milhões de pessoas utilizam a Amazon, o maior varejo online do mundo, comprando uma variedade de produtos, e produzindo grandes volumes de transações em um período pequeno de tempo. Minerar todos estes dados, é de fato uma das maiores aplicações de Big Data do mundo. No entanto, o conhecimento adquirido sobre um cliente não é totalmente completo, e o sistema de recomendação tem que confiar nestas informações e no comportamento online do cliente para fazer as novas ofertas de produtos.

SEÇÃO 2 – A VERACIDADE DOS DADOS

Uma empresa precisa ser hábil para transformar os volumes de dados em vantagem competitiva, criando valor e impacto aos negócios.

É preciso reconhecer a importância do "V" (Veracidade), termo cunhado pela IBM que indica confiabilidade.

Incertezas sobre a integridade dos dados e outras ambiguidades são obstáculos para Big Data. Princípios como qualidade, limpeza, gerenciamento e governança permanecem disciplinas críticas em Big Data.

Volume, tipos e formatos diferentes, tornam os dados imprecisos e difíceis de confiar, apesar de em geral, se aceitar os dados como certos e confiáveis.

As situações mais comuns para a falta de veracidade são: fontes imprecisas, erros de software, viés estatísticos, anormalidades em equipamentos, falta de segurança de acesso, fontes não confiáveis, falsificação, incertezas, falta de atualização, erros humanos, imprecisões, entre outras.

Um bom Cientista de Dados sabe que não existe análise que resista à péssima qualidade dos dados, e, portanto é comum utilizar até 75% de seu tempo na preparação dos dados, na tentativa de torná-los reais, confiáveis, garantindo a posterior análise dos dados.

figura - Veracidade dos Dados (créditos pexels)

SEÇÃO 3 – IMPACTO HUMANO DE BIG DATA

Qual o impacto humano de Big Data? Como pode melhorar a vida das pessoas? Big Data poderá vir a ter mais impacto na humanidade do que a própria Internet, ajudando a resolver desafios como doença, fome e poluição.

Algumas áreas de impactos são:

figura - Impacto Humano de Big Data (créditos pixabay)

Longevidade e saúde, através do monitoramento do corpo utilizando Wearables, acompanhamento online da saúde de idosos, mapeamento e pesquisas genéticas, previsões e alertas de doenças, aprendizado de máquina para diagnosticar câncer, pesquisa genética, perfis comparativos de pacientes para alternativas de tratamentos. Disrupção da área de saúde, com custos menores para diagnóstico e tratamentos.

Pesquisa espacial, gerando conhecimentos profundos da Terra, planetas próximos e distantes, a partir de geradores de grandes volumes de dados, como sondas espaciais, satélites, telescópios espaciais, robôs pesquisadores, etc.

Transporte com Veículos autônomos - 37 mil vidas são perdidas por ano vítimas de acidentes, sendo 94% provenientes de erros humanos. Este número será reduzido com uso de veículos autônomos (ver artigo Rand Corporation).

Outras áreas - Educação, Marketing, Criminalidade, Economia, Esporte, Finanças, Comércio, Varejo, Publicações, Indústria, Ciência, Engenharia, entre outras, trarão um grande impacto humano de Big Data.

Capítulo 5. Introdução a Ciência de Dados

Big Data são os métodos e técnicas para armazenagem, manipulação, recuperação e utilização de dados em grandes volumes, baseados nos V's (Volume, Variedade, Velocidade, Veracidade e Valor).

Data Science ou Ciência de Dados, é o método científico por trás da análise de dados, são as metodologias, as formas de avaliar este grande volume de dados, aplicando conhecimentos de Estatística, Matemática e Computação, e obtendo insights dos dados para responder perguntas empresariais ou científicas.

Big Data e Ciência de Dados estão intrinsicamente ligadas.

Na prática, um projeto de Big Data envolve etapas, e de uma maneira simples, podemos dizer que são:

1 - Identificar o problema
2 - Adquirir os dados
3 - Preparar os dados
4 - Analisar os dados
5 - Gerar Relatórios e Insights
6 - Realizar ações práticas

As etapas 2 e 3 são etapas tratadas com as tecnologias de Big Data, e as etapas 3, 4 e 5 são tratadas com as tecnologias de Ciência de Dados, que como dissemos utilizam conhecimentos voltados para Estatística (definição de modelos), Matemática (organização e estruturação dos dados) e Ciência da Computação (redes,

33

programação, ambiente computacional, software de análise, Aprendizado de Máquina, etc.) e domínio do negócio, do problema que está sendo estudado.

Tudo começa por uma pergunta sobre os dados, uma dúvida, uma vontade de identificar algo fora da curva, uma anomalia, algo que remeta a uma nova descoberta, a um "insight".

SEÇÃO 1 – ETAPAS DA CIÊNCIA DE DADOS

1- Formule as perguntas corretas - Procure identificar o problema e descreva os ingredientes que o compõem para uma posterior análise com Ciência de Dados.

2 - Adquira os dados - Como vimos, os dados provêm de vários locais (Armazéns de Dados, Redes Sociais, Documentos, etc.) estruturados ou não, e devem ser capturados para análise.

3 - Explore os dados - Explique a importância e descreva os dados. Processe os dados, limpe e os transforme. Identifique os métodos para realizar uma análise preliminar dos mesmos (correlações, anomalias, visualização).

4 - Análise dos Dados - Aplique técnicas de Análise de Dados, como Classificação, Agrupamentos, Regressão, Associação, para identificar as possibilidades. Escolha a melhor delas e construa o melhor modelo para tentar responder as perguntas iniciais.

5 - Relate o que encontrou - Forneça relatórios dos seus insights, identifique a melhores técnicas de apresentação e de convencimento para comunicar os resultados. Utilize os melhores softwares de visualização e apresentação.

6 - Transforme insights em ações - Conecte os resultados em ações práticas de negócios, em resultados empresariais práticos. Se possível crie um novo Produto de Dado para a sua empresa.

figura - Data Science (créditos pixabay

SEÇÃO 2 – CONCURSOS DE CIÊNCIA DE DADOS

Um dos sites mais conhecidos da área de Ciência de Dados, é chamado de Kaggle https://www.kaggle.com e foi recentemente adquirido pela Google. Este é um bom lugar para você avaliar problemas e soluções de Ciência de Dados.

figura – Logo Kaggle

Kaggle é um mercado para Análise de Dados e concursos de Ciência de Dados. As empresas publicam suas perguntas e desafios, dizem o quanto podem pagar, e os Cientistas de Dados do mundo todo competem para resolver problemas e produzir as melhores respostas, obtendo prêmios em dinheiro.

Kaggle se tornou uma plataforma, um site completo sobre Ciência de Dados, com datasets (conjuntos de dados) gratuitos, ferramentas, cursos, blog, enfim, tudo o que é necessário para aprender sobre esta nova área. Você pode criar a sua conta e participar também das competições ou se preparar para uma delas no futuro.

Neste link você encontra as competições que estão abertas e os prêmios oferecidos.
https://www.kaggle.com/competitions

figura - Concursos de Ciência de Dados (créditos pixabay)

SEÇÃO 3 – MERCADOS DE DADOS

Com a evolução de Big Data, pessoas, empresas e governos perceberam que dados só se tornam preciosos se tiverem utilidade para ser minerados e analisados para a geração de insights. De outra forma, são lixo, ocupam espaço e geram custos de armazenamento.

"Data Marketplace" ou mercado de dados, são sites na Internet que vendem ou doam Datasets (base de dados) para serem utilizados na análise de dados.

O Governo Americano fornece gratuitamente dados públicos para que os cidadãos possam utilizá-los. O site https://www.data.gov é chamado de "Government's open data".

figura - Mercados de Dados (créditos pixabay)

A Universidade da Califórnia, Santa Cruz, fornece dados para análise de genomas, talvez um dos maiores bancos de dados do mundo sobre esse tema (http://genome.ucsc.edu)

O governo de São Paulo, seguindo esta tendência, fornece também datasets para consulta e análise.
http://www.governoaberto.sp.gov.br

CAPÍTULO 6. CIENTISTA DE DADOS E BIG DATA

Um artigo publicado na Harvard Business Review em outubro de 2012, chamou a atenção do mundo.

O título do artigo era "Data Scientist: The Sexiest Job of the 21st Century" (Cientista de Dados: O Emprego mais Sexy do Século XXI).

Ele vinha assinado por Thomas H. Davenport do MIT e D. J. Patil, este último cunhou o termo "Data Scientist" e se tornou no governo Obama o primeiro "US Chief Data Scientist" oficialmente contratado.

Para saber mais visite o Link.

O valor de Big Data reside em desenvolver insights sobre dados, e insights provêm de pessoas talentosas, capazes de fazer perguntas inteligentes, e respondê-las utilizando Análise de Dados.

Neste cenário, surge o Data Scientist (Cientista de Dados) um novo Profissional, ainda em desenvolvimento, que escolas e universidades têm dificuldades em formar.

Em resumo, "data-driven companies", são empresas que utilizam eficientemente os dados, gerados por insights de profissionais chamados de "Data Scientist".

As habilidades de um Cientista de Dados envolvem conhecimentos de Programação, Estatística, Matemática, Aprendizado de Máquina, Wrangling (limpeza), Visualização, Comunicação, Engenharia de Software, entre outras, e talvez a mais importante seja a que chamamos de "Intuição" para resolver problemas.

Considera-se ainda que deva ter o chamado "domain knowledge", que é o conhecimento específico sobre uma área ou atividade humana.

Por exemplo, um Data Scientist que trabalha com mapeamento genético, deve ter excepcional conhecimento de Biologia.

SEÇÃO 1 – CIENTISTA DE DADOS E O UNICÓRNIO

Cientistas de Dados são apelidados de "Unicórnios", aquela mítica criatura medieval com grandes poderes, um cavalo com chifre, que não se encontra facilmente. Semelhante a ele, temos o Cientista de Dados, difícil de se encontrar, que conhece tecnologia, matemática, estatística, ciência de dados e negócios ao mesmo tempo.

figura - Unicórnio (créditos pixabay)

Profissionais de diversos segmentos (Físicos, Matemáticos, Economistas, Administradores, etc.) começaram a estudar Ciência de Dados, buscando preencher as lacunas de conhecimento em Análise de Dados e Tecnologias de Big Data, para atuar como Cientista de Dados, hoje uma das profissões mais valorizadas do mundo.

Muitos se tornam especialistas em Ciência de Dados, mas lhes falta o conhecimento de domínio, do negócio e dos problemas da empresa.

À medida que o tempo passa, as instituições educacionais, Universidades, escolas especializadas, vem se organizando para oferecer currículos para o desenvolvimento e formação do Cientista de Dados.

SEÇÃO 2 – EQUIPES DE BIG DATA

Big Data é um esporte coletivo, afirmou D. J. Patil, um dos primeiros Cientistas de Dados do mundo. Para desenvolver Projetos de Big Data, é preciso trabalhar em equipe envolvendo Analistas de Negócios, Engenheiros de Software, Programadores, Administradores de Sistemas e de Computação de Nuvem, Gerentes de Produtos, Designers, especialistas em Visualização de Dados, Gerentes de Desenvolvimento de Software, enfim, diversos profissionais podem fazer parte de uma equipe de Big Data em função do tipo de Projeto.

Entre estes profissionais, está o Cientista de Dados, com habilidades em resolver problemas do mundo real gerando insights sobre os dados.

Muitas vezes, o Cientista de Dados, assume vários papéis, até que uma equipe mais completa venha a se formar dentro da empresa. Outras vezes, parte da equipe proveniente de TI, apoiará inicialmente os novos projetos.

figura - Equipes de Big Data (créditos pixabay

Em alguns casos, a solução de um problema, exigirá a contratação de especialistas em plataformas, como as da Google Cloud (BigQuery, Cloud Dataflow, Tensorflow, etc.), IBM com o IBM Analytics, Amazon AWS, ou da plataforma Cloudera, Databricks com o Spark.

Enfim, de fato é preciso desenvolver boas equipes para obter sucesso com Big Data.

CAPÍTULO 7. APLICAÇÕES DE BIG DATA

Dados são o fenômeno do nosso tempo.

O rápido desenvolvimento de novas tecnologias, a explosão na geração de dados e a capacidade de armazenamento crescente com custos reduzidos, estão transformando a forma como as empresas desenvolvem os seus negócios.

Após um período inicial, onde as empresas viam Big Data como algo opcional, hoje, o seu valor está sendo amplamente aceito e começa a fazer parte da prática empresarial.

Big Data é uma nova tecnologia e poucas empresas conseguiram quantificar o valor obtido da análise dos dados não estruturados para gerar insights positivos sobre a tomada de decisões.

Muitas empresas coletam dados a respeito de seus clientes, produtos e até dos seus concorrentes, mas acabam não realizando uma análise profunda destes dados para projetar estratégias competitivas.

Diversas empresas ainda não sabem fazer as perguntas certas para os dados, pois foram fundadas em uma época anterior a esta tecnologia, e não trazem no DNA esta nova forma de pensar, e, portanto ainda não se prepararam para gerar valor a partir dos dados.

Vamos relacionar a seguir alguns estudos de caso e aplicações desenvolvidas para resolver problemas usando Big Data, a começar pela Google, que surgiu desde o início como uma empresa data-driven.

Estes estudos de caso podem colaborar para se obter uma visão mais abrangente do uso de Big Data

SEÇÃO 1 – USUÁRIOS DE BIG DATA

Somos todos usuários de Big Data.

Ao utilizar o Google para uma pesquisa, assistir um filme no Netflix, comprar um livro pela Amazon, acessar a previsão do tempo, utilizar um smartphone, ou mesmo o ato de utilizar um cartão de crédito, nos tornamos usuários desta tecnologia.

figura - Usuário de Big Data (créditos pixabay)

Por trás de todos estes serviços e aplicações, estão as modernas tecnologias para a manipulação de grandes volumes de dados, envolvendo Big Data, Data Science e Analytics.

Vamos conhecer alguns estudos de caso oriundos das empresas famosas:

- Google
- NetFlix
- Amazon
- Tesla

Em seguida, vamos apresentar algo mais do Big Data nas Empresas Brasileiras, na Educação, Redes Sociais e Internet das Coisas.

Seção 2 – Caso de Sucesso - google

Google é um dos, senão o maior usuário das tecnologias de Big Data.

Mapear toda a Internet, identificar o que é mais utilizado, mais clicado, mais vendido, e até mesmo o que é mais útil, são produtos de dados criados pela Google, a empresa mais "data-oriented" do mundo.

A partir do serviço de busca, seu primeiro produto, ela foi derivando ao longo do tempo outros produtos baseados em dados (google apps, google docs, google maps, youtube, tradutor, etc.).

figura - Google (créditos pixabay)

Google fornece um serviço de pesquisa gratuito, em troca recolhe os nossos cliques, por assim dizer, nossos gostos

44

pessoais, nosso interesse em um tipo de informação. Baseado em cliques e interesses de bilhões de pessoas, Google utiliza as tecnologias de Big Data para identificar o que é mais relevante, para apresentar o melhor anúncio patrocinado, este sim pago pelos anunciantes.

Como a Google consegue processar grandes volumes de dados baseados em TeraBytes e PetaBytes? A resposta é utilizando os seus engenhos de computação e as tecnologias baseadas em Hadoop e BigQuery (tecnologia de NoSQL da Google).

Seguindo a Google, surgiram Twitter, Facebook, LinkedIn, Tesla, Uber e muitas outras empresas orientadas para dados, que hoje repetem o sucesso da Google, na era do Big Data.

Seção 3 – Caso de Sucesso - Netflix

O sucesso da Netflix está relacionado à aplicação intensa das tecnologias de Big Data e Data Science em seus negócios.

Os números são enormes, possuem mais de 128 milhões de usuários, dominam o tráfego noturno de streaming na Internet, e os usuários consomem enormes bandas de tráfego mensalmente.

A principal aplicação dos sistemas de Big Data da Netflix, são os chamados engenhos ou sistemas de recomendação. São algoritmos de Aprendizado de Máquina agindo sobre grandes bases de dados de informações, compostas por filmes, usuários, e recomendações tais como "se você gostou deste filme, te recomendo mais este, mais este, e mais este".

Eles coletam enormes quantidades de dados e analisam os hábitos dos clientes, gerando recomendações personalizadas e novas ofertas de filmes.

Netflix procura oferecer alternativas baseadas em gostos pessoais obtidos a partir de escolhas, tipos de filmes, dias que acessou o sistema, filmes que assistiu por inteiro ou pela metade, filmes que não assistiu, que estão em lista, cliques fornecidos para títulos de filmes e assim por diante.

figura - Netflix (créditos pixabay)

Os Sistemas de Recomendação são famosos em Big Data sendo extensivamente utilizados em comércio eletrônico, e no caso da Netflix, também utilizados como referência para gerar novas séries, baseadas nos gostos dos seus usuários.

Seção 4 – Caso de Sucesso - Amazon

Amazon se tornou famosa por vender livros online, mais famosa ainda por passar a vender qualquer coisa via comércio eletrônico, um verdadeiro varejo online.

figura- Amazon Kindle (créditos pixabay)

Mas como se tornou tão boa nisso que faz?

Graças ao Big Data, e à implementação das tecnologias de engenhos de recomendações de ML. É famosa a frase e você já ter visto nos sites da Amazon "Customers Who Bought This Item Also Bought..." (clientes que já compraram este item também compram...) e, em seguida, relaciona em tela todos os itens semelhantes, baseados nos rankings de escolhas e cliques realizadas no site, seguindo os gostos pessoais dos usuários.

Amazon se tornou o maior fornecedor de computação de nuvem do mundo, inicialmente vendendo o excesso de recursos computacionais de que não precisava, gerando uma empresa conhecida como Amazon AWS.

Amazon ganhou escala, a partir de investimentos em Big Data e Ciência de Dados, seja na construção de algoritmos orientados para a vendas online, seja na utilização de grandes fazendas de computadores, contendo clusters e tecnologia de Big Data para garantir o crescimento do negócio.

Amazon é hoje uma das maiores empresas do mundo orientada para dados "data-driven oriented", daí uma das grandes razões do seu sucesso.

SEÇÃO 5 – CASO DE SUCESSO - TESLA

Tesla foi fundada por Elon Musk, hoje o nome mais proeminente no empreendedorismo mundial, fundador de empresas disruptivas, como a Tesla, SpaceX, SolarCity, Neuralink, OpenAI, Boring Company.

A Tesla produz carros elétricos, e vem se tornando líder na indústria automotiva.

A Tesla é "data driven", orientada para dados, que a diferencia das demais. Antes de fazer um carro, Tesla construiu um grande base de consumidores que estariam dispostos a comprar esta nova tecnologia. Passou a registrar todos os dados gerados pelo carro e pelo consumidor, em todos os aspectos do uso do produto.

Em 2014, passou a comercializar um pacote tecnológico, incluindo câmeras, sensores que alertavam os motoristas sobre colisões, mas na verdade, coletava todo tipo de dados, transformando gradativamente seu carro em um veículo autônomo (driverless).

figura - Caso de Sucesso Tesla (créditos pixabay)

Antes de mais nada, o carro da Tesla é Software, atualizado via Wifi, a partir de tecnologia de nuvem, ou seja, o carro vai aprendendo com a nova atualização de software, sem necessidade de ir até uma oficina fazer o famoso "recall".

O maior ativo da Tesla, não parece ser carros, mas o grande volume de dados recolhidos, que servem para análise de dados. Ela mesmo muitas vezes, se autodenomina uma empresa de dados, de software, e não uma fabricante de veículos.

SEÇÃO 6 – BIG DATA NAS EMPRESAS BRASILEIRAS

O mercado anual de Big Data supera a casa dos U$ 40 bilhões de dólares, e movimentou U$ 2,48 bilhões no ano passado na América Latina.

O Brasil é o país mais maduro em aplicações de Big Data e Analytics, representando 46,8% deste mercado, com receita anual de US$ 1,16 bilhão.

Liderados pelo Brasil e México e impulsionados pelos projetos de transformação digital nas empresas, o mercado deverá atingir US$ 7,41 bilhões até 2022, de acordo com consultoria Frost & Sullivan.

IBM, Oracle, SAP, SAS e Teradata são líderes de mercado na América Latina, e as verticais que mais investem em Big Data são os serviços financeiros, varejo e telecomunicações.

Tecnologias como IoT, Computação de Nuvem, e Machine Learning estão se tornando populares, e seu custo caindo rapidamente, o que facilita as implementações de Big Data.

A maioria das empresas brasileiras ainda não tem ideia como Big Data pode ajudar a melhorar os negócios, mas, este panorama vai sendo alterado, à medida que surgem casos de sucesso.

Relacionamos alguns casos de implementação de Big Data no Brasil.

1 - Redes de Varejo

Seguindo o caminho da Amazon, as redes de varejo brasileiras, estão visualizando grandes oportunidades com Big Data, transformando volumes de dados em inteligência para o comércio.

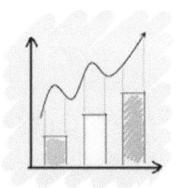

figura - Análise de Dados (créditos pixabay)

Pão de Açúcar e Extra já utilizam Big Data para personalizar ofertas baseadas no perfil do cliente, e o mesmo está sendo feito pela rede de supermercados Pague Menos, do interior de SP.

2 - Serviço Público

A Secretaria da Fazenda do Estado de São Paulo, por meio das 18 Delegacias Regionais Tributárias, iniciou o processo de cobrança de IPVA utilizando informações de radares fornecidas pela Prefeitura Municipal de São Paulo, notificando proprietários de veículos licenciados em outros estados.

3 - Comunicação e Mídia

Globo.com tem os maiores portais do Brasil entre eles G1, Globo Esporte, GShow, e presta serviços para a TV Globo e outras empresas do grupo.

Para estes portais foi implementado um Sistema de Recomendação para captura e análise de dados dos perfis dos usuários, com o objetivo de aumentar o tempo de permanência no site, o número de páginas consumidas e o engajamento do usuário personalizando conteúdos e diversos produtos, de forma contextualizada.

4 - Financeira

A Elo, empresa de cartões de crédito domésticos, processa mais de um milhão de transações por dia. Big Data veio para melhorar a experiência de consumidores e comerciantes com autoatendimento, análise em tempo real que combina dados de transações com informações de titulares de cartões, comerciantes, redes sociais, mapas e clima.

A empresa Semantix, representante da Cloudera, responsável pelo projeto, é considerada a maior empresa prestadora de serviços de Big Data do Brasil.

5 - Ministério da Justiça e IBM Watson Explorer

A Rede Nacional de Laboratórios contra Lavagem de Dinheiro (REDE-LAB), liderada pelo Ministério da Justiça, analisa um grande volume de dados para identificar e congelar ativos ilícitos, ajudando as autoridades a tomar medidas legais contra suspeitos de crime no Brasil.

A rede utiliza ferramentas de Big Data & Analytics da IBM em investigações que incluem dados estruturados e não estruturadas, como os de Twitter, Facebook e e-mail.

O resultado são processos automatizados de mineração de dados, investigações mais rápidas com bilhões de reais confiscados de atividades ilegais.

6 - Big Data na Saúde

Pesquisadores do departamento de Ciência da Computação da UFMG, vem trabalhando há mais de cinco anos num observatório da dengue.

A partir do monitoramento das reclamações das pessoas no Twitter sobre sintomas de dengue, e com o cruzamento de outras informações sobre a geografia da cidade de Belo Horizonte, é possível observar onde as taxas de dengue estão mais intensas na cidade.

A unidade de imunologia do Instituto do Coração (Incor), em São Paulo, usa algoritmos disponíveis em bancos de dados públicos de todo o mundo para analisar padrões de mutação do vírus HIV.

Esse recurso permite que os pesquisadores estudem as variações do vírus, para que possam desenvolver a vacina capaz de responder a essas mutações.

7 - Área Esportiva

Análise de Desempenho atua com a estatística e análise de dados no esporte. É o Big Data esportivo.

O objetivo é avaliar o atleta, as jogadas, a equipe, enfim, cada detalhe de uma partida, para se planejar a próxima.

No Brasil, Vôlei foi uma das pioneiras na utilização do Big Data na esfera esportiva, seguida do Futebol e outros esportes, principalmente os olímpicos.

Os grandes clubes do futebol brasileiro e a seleção, possuem em seus quadros o chamado Analista de

Desempenho, o Cientista de Dados do esporte, que por meio de relatórios, gráficos, desenhos e números em geral, acompanham e informam sobre as possibilidades dos fundamentos técnicos e táticos do esporte.

Observe nas entrevistas do Tite, que ele justifica as convocações dos jogadores, baseado em Análise de Desempenho. Quantos gols o atleta marcou, quantos de cabeça, quantos na última temporada, enfim, o que ele chama de competir em alto nível.

Seção 7 – Big Data na Educação

A Educação se torna cada vez mais digital, e vem sendo chamada de "Educação 4.0" considerando toda a evolução tecnológica a que estamos sendo submetidos exigindo novas formas de preparar pessoas para a vida.

1 - Aprendizagem

A empresa educacional brasileira, Eco Educacional, surgiu recentemente com esta missão, introduzir a Educação 4.0 nas Escolas Brasileiras.

A tendência da personalização no ensino (chamada de Adaptative Learning ou Aprendizagem Adaptada) é valiosa considerando que os estudantes aprendem de forma e velocidade diferentes.

Estudantes online percebem que à medida que avançam no curso, completam leituras, vídeos e exercícios, o sistema identifica assuntos que dominam e as lacunas que foram deixadas, e começa a sugerir roteiros de estudo que se adequem às dificuldades em função do tempo dedicado.

Plataformas de Adaptative Learning, com o <u>QMÁGICO</u> vem fazendo sucesso no Brasil, implementando esta filosofia, com fortes recursos para análise de dados.

figura - Educação Online - (créditos pixabay)

A empresa <u>Knewton</u>, fundada pelo brasileiro <u>Jose Ferreira</u>, fornece uma plataforma de Ensino para Adaptative Learning.

No ensino tradicional, temos a aula expositiva, depois vem a lição de casa. "Flipped classroom" (sala de aula invertida) inverte este modelo, onde o estudante, utilizando recursos digitais de apoio à aprendizagem, aprende em casa por si só, e depois faz a lição de casa na sala de aula, com apoio do professor e demais estudantes.

Análise de Dados vem sendo implementada nas escolas utilizando plataformas que personalizam o aprendizado, obtendo as preferências dos alunos, como eles aprendem melhor, como aprendem mais, e como os professores podem criar planos de ações baseados nestas informações.

2 - Gestão Escolar

Big Data vem se tornando um importante aliado na gestão escolar para evitar a evasão escolar, identificando alunos que estão propensos a abandonar o curso, analisando variáveis como frequência, inadimplência, nível de satisfação e engajamento.

Grandes grupos educacionais brasileiros vêm investindo pesado, para implementar sistemas de acompanhamento educacionais e de gestão de alunos, que lhes permitam obter melhor qualidade de ensino e estabilidade no negócio.

Algumas escolas estão atentas, seguindo a tendência de países desenvolvidos, em optar pela inclusão de disciplinas de Análise de Dados em seus currículos tanto no Ensino Médio quanto Ensino Superior.

3 - Conclusão:

As instituições brasileiras, públicas e privadas, estão evoluindo rapidamente na implementação de Big Data em suas atividades envolvendo aplicações como mapeamento dos perfis dos alunos, acompanhamento do desempenho e análise comportamental, identificação dos melhores professores, personalização do ensino com aprendizagem adaptativa, implementação de modelos educacionais orientados para a Educação 4.0 e gestão de recursos educacionais.

SEÇÃO 8 – BIG DATA NAS REDES SOCIAIS

Um dos tópicos mais populares em Big Data é o que trata da análise de dados em redes sociais, hoje presente na vida individual e coletiva das pessoas e organizações.

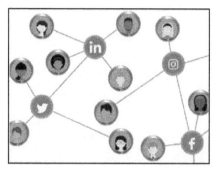

figura - Grafos em Redes Sociais (créditos pixabay)

Análise de Dados em Redes sociais é uma atividade multidisciplinar envolvendo campos como sociologia, antropologia, comunicação, e diferentes campos da Matemática como teoria dos grafos, Estatística e Ciência da Computação.

Outras áreas como Física, Biologia e Economia, também têm reconhecido a importância das redes sociais em seus estudos.

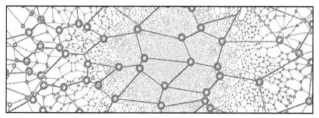

figura - Big Data nas Redes Sociais (créditos pixabay)

1 - Nós, Relações, Arestas

O primeiro elemento de uma rede social, é chamado de nó (node) ou ator, que representa por exemplo, o nome de um usuário, um email, um hastag (#), uma informação para um "Like".

O próximo elemento de uma rede social, são as relações, que correspondem às conexões entre os nós da rede.

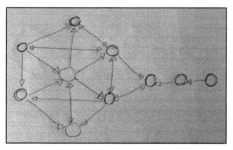

figura - Grafo com nós e conexões (créditos autor)

Por exemplo, no Facebook, um usuário é um nó, que se relaciona com outros, como amigos, estabelecendo relações ou conexões.

Um nó então, se conecta a outro por linhas ou **ARESTAS** que revelam as conexões entre os nós.

2 - Direção

O elemento final nas características de uma relação é a direção, e grafos podem ser direcionados para onde se está interessado, utilizando arestas.

Relações podem representar amizades, avisos, obstáculos, comunicação, enfim, relações entre os diferentes nós de uma rede social.

Grafos são uma forma de representar formalmente uma rede, que é basicamente uma coleção de objetos que conectados entre si.

Utilizando Grafos Matemáticos, é possível avaliar aspectos gerais das redes sociais, tais como emails, Facebook, Twitter, Instagram, entre outras.

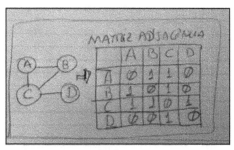

figura - Representação Matricial de um Grafo (créditos autor)

Os dados em um Grafo são representados em uma matriz, podendo ser processados por computadores, que implementam diferentes tipos de algoritmos para a análise de redes sociais.

A análise de redes sociais é o mapeamento e a medição de relacionamentos e fluxos entre pessoas, grupos, organizações, computadores, URLs e outras entidades de informação conectadas.

Os nós na rede são as pessoas e os grupos, enquanto os links mostram relacionamentos ou fluxos entre os estes nós.

A Análise de redes sociais fornece uma análise visual e matemática das relações humanas.

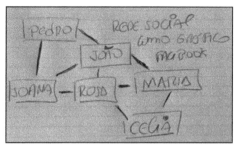

figura - Rede Social como Gráfico (créditos autor)

3 - Densidade

Densidade é uma medida que determina o potencial de toda uma rede para os nós conversarem uns com os outros, ou seja todas as conexões possíveis entre os nós de uma rede, ou quantos deles estão acontecendo simultaneamente.

A densidade de uma rede pode ser usada para determinar até que ponto os nós individuais podem compartilhar informações, e em redes altamente densas, a disseminação de informações é muito rápida, alterando rapidamente a densidade.

4 - Medida de Centralidade

Outra medida é chamada de Medida de Centralidade, que é uma medida simples que indica o número total de conexões para cada nó da rede.

A teoria matemática dos grafos, permitiu que qualquer tipo de informação que possa ser representada na forma de nós, pode receber uma análise de dados, e as redes sociais, em especial se encontram nesta categoria.

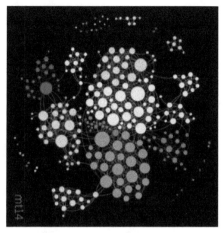

figura - Grafos em Redes Sociais (créditos Creative Commons <u>Manel Torralba</u>)

5 - Grafos

Grafo nas redes sociais, é a representação gráfica de uma rede interativa, utilizado em larga escala por empresas de marketing para análises de redes sociais, com a representação de bilhões ou trilhões de conexões para identificar popularidade, importância, localização e interesses entre os usuários.

Facebook e LinkedIn, utilizam grafos para representar as relações entre amigos, com graus de separação entre eles. Pode-se saber quem é amigo de quem, e em que grau classificatório do grafo, se encontra a sua amizade em relação a qualquer pessoa da rede.

6 - Cluster

Cluster é um conjunto de nós fortemente conectados, em termos de uma rede social, são grupos de interesse comum que ficam fortemente conectados.

7 - Ferramentas

Uma ferramenta excelente para análise de dados das redes sociais é o Gephi, mas podemos encontrar outros tais como: NODEXL, Netlytic, IssueCrawler, Socioviz, Flocker, VOSON/Uberlink, V-Tracker, Sysomos, Chorus Analytics, Stilingue.

8 - Conclusão

As Redes Sociais são definitivamente um local de grande aplicação para as tecnologias de Big Data devido ao grande volume de dados gerados e as possibilidades de análise produzirem insights significativos para os negócios empresariais.

SEÇÃO 9 – BIG DATA NA IOT

Uma das áreas mais promissoras para aplicações de Big Data é a IoT (Internet of Things) que traduzimos como Internet das Coisas.

A IoT, conecta qualquer "coisa" que gera dados à Internet: dispositivos, wearables, vídeo games, carros, eletrodomésticos, satélites, aviões, enfim, toda uma gama de sensores e dispositivos, gerando dados sem parar.

Especialistas do setor, classificaram IoT como a próxima Revolução Industrial ou a próxima Internet, considerando ser a forma futura de interação do mundo físico entre governo, empresas e consumidores.

Acredita-se que o número de dispositivos conectados em todo o mundo atingirá 50 bilhões em 2020 e os gastos de

IoT U$ 267 bilhões neste mesmo ano. Segundo a Ericsson, a IoT ultrapassará o celular como a maior categoria de dispositivos conectados em 2018.

É possível que IoT se torne a maior área de aplicação de Big Data, ou a que pelo menos demandará maior investimentos de recursos e atenção das empresas.

Vantagens empresariais com IoT

IoT está na infância, mas vai impactar as empresas considerando a velocidade com que está transformando o mercado de Big Data.

figura - Internet of Things (créditos pixabay)

As empresas podem levar vantagens com IoT, obtendo inteligência mais abrangente e sofisticada para entender melhor as preferências, os comportamentos e os sentimentos do cliente.

Com grandes volumes de dados, as empresas obtém mais inteligência e podem descobrir mais elementos a serem explorados para melhorar o desempenho dos negócios, economizando tempo e dinheiro.

IoT propiciará análises mais rápidas e flexíveis dos dados, e aumentará o ROI das empresas que devem procurar estratégias sólidas de IoT para serem implementadas.

Os chamados "bots" (scripts e programas automatizados) e o Aprendizado de Máquina, combinados em uma arquitetura automatizada com o poder da análise de dados de Big Data, podem fornecer um valor imensurável para os negócios.

IoT trará maior eficiência operacional principalmente para as operações da cadeia de suprimentos, uma área apropriada para o uso desta tecnologia, onde os ecossistemas de IoT mapeiam a eficiência dos processos existentes de maneira detalhada e utilizam estas informações para reduzir as estruturas de custos.

Exemplos de aplicações IoT

Algumas aplicações de IoT implementadas com Big Data.

1 - Gerenciamento de Energia

A economia do consumo de energia requer sensores colhendo dados sobre seu uso, e os enviando para análise de Big Data.

Dispositivos individuais podem coletar dados em tempo real dos prédios e máquinas aos quais estão conectados. Estas informações podem ser limpas, consolidadas e compartilhadas com os fornecedores de energia, para empregar com mais eficiência a energia dentro do prédio. Isto reduzirá os custos de serviços públicos, melhorando a qualidade de vida dos moradores.

2 - Operações Militares

Sensores podem ser anexados a armas, equipamentos de transporte e outras máquinas de guerra.

Os dados coletados destes dispositivos permitirão a manutenção preventiva e os cronogramas de manutenção, com base nas tendências do passado.

Vai colaborar para que os militares a operarem com a maior segurança possível e com menor custo.

3 - Saúde

IoT vai trazer a disrupção para a área da saúde, transformando a medicina atual em algo mais simples, prático e de baixo custo.

Permitirá que médicos possam tratar pacientes em locais remotos, acompanhar online a saúde de idosos, avaliar níveis de glicose, evitar ataques cardíacos, e obter históricos completos de pacientes por anos em gráficos comparativos.

IoT poderá permitir a provedores e redes de saúde a capacidade de monitorar localmente e gerenciar centralmente, aumentando a eficiência, eficácia e a qualidade do atendimento.

A aplicação da IoT na área da saúde é muito atraente, pois nos afetam potencialmente para diagnosticar, tratar e prevenir doenças de forma mais eficiente, que irão salvar um número incontável de vidas.

4 - Esporte

IoT está revolucionando o esporte.

Se tornou um meio de obter informações detalhadas sobre a condição de um atleta, antes, durante e depois de um jogo.

As ferramentas de gerenciamento de dados podem ser usadas para mesclar conjuntos de dados provenientes de médicos, fisioterapeutas, cientistas esportivos e outras fontes.

Os dados coletados de dispositivos de IoT podem atenuar os riscos associados a lesões relacionadas a esportes e ajudar as equipes a competir de forma mais eficaz.

A análise preditiva é aplicada aos dados para antecipar o desempenho futuro de um atleta em competições, bem como sua potencial longevidade.

5 - Aviação

Uma das áreas de uso intenso de IoT é na aviação, com centenas de sensores que detectam anomalias mecânicas em tempo real, dispositivos IoT para evitar atrasos e manter os passageiros seguros, sensores para monitorar o movimento das bagagens, dispositivos para monitorar a pressão da cabine, temperatura e outros serviços a bordo.

6 - Assistentes Virtuais

Provavelmente você ouviu falar de alguns destes assistentes virtuais, como o Siri da Apple, Alexa da Amazon, Cortana da Microsoft e Google Assistente.

Estes assistentes utilizam reconhecimento de voz e fornecem respostas a partir de uma variedade de comandos, como tocar música, ler notícias, configurar alarmes, controlar eletrodomésticos, pedir pizza e pagar contas.

Muitas empresas estão descobrindo estes assistentes para enviar lembretes de reuniões, fornecer instruções para eventos, compartilhar dados para outras aplicações e muitos outros usos.

A análise preditiva pode ser aplicada para buscar padrões e tendências em dados destes dispositivos, descobrindo quais fatores têm mais influência sobre os resultados e antecipar o que provavelmente ocorrerá com base nas informações atuais e históricas do dispositivo.

Pode-se por exemplo, identificar qual o gosto musical dos hóspedes de um Hotel, ou o nível de interesse pela previsão do tempo ou filmes em cartaz.

Dados valiosos para a melhoria dos negócios empresariais.

Conclusão

À medida que cresce o uso de IoT, aumentam os volumes de dados, e cresce cada vez mais a importância das aplicações de Big Data.

Os dados são de real importância para a sobrevivência das empresas e portanto, chegou o momento de dar atenção e significância a eles, considerando o seu contexto, interpretação e valor agregado à estratégia de IoT.

CAPÍTULO 8. PRIVACIDADE EM BIG DATA

É de se admirar que Big Data venha oferecer grandes oportunidades para empresas, profissionais e usuários desta tecnologia.

Mas, podem existir riscos legais e regulatórios relacionados a questões como a privacidade dos dados pessoais ou empresariais que podem resultar em violação de confiança.

Mais de 70% das pessoas não se sentem seguras, compartilhando seus dados via Internet e 49% dizem não estar dispostas a compartilhar as suas informações pessoais.

A privacidade é um tema muito discutido nestes tempos de redes sociais.

A começar pelo caso da Cambridge Analytica, que utilizou 87 milhões de contas do Facebook para uso nas eleições americanas e outras atividades mundo afora.

É mais famosa ainda, a briga judicial entre a Apple e o FBI sobre abrir os algoritmos do iPhone, para identificação dos usuários, neste caso, terroristas.

E as críticas ao Google e demais empresas, que utilizam algoritmos de rastreamento (tracker) das pegadas digitais (cliques) dos usuários.

É perceptível, que ao clicar em algo relacionado à carros, imediatamente comecem a surgir links para que você compre um deles. O engraçado, é que as pessoas consideram estas demonstrações como algo "inteligente" e não como um invasor da privacidade.

Outra briga sem fim é o uso dos "bot", que são "robôs" de software (scripts) que sistematicamente vasculham a Internet procurando dados de interesse, e vão compondo grandes bases de conhecimento sobre determinado assunto, analisadas com as tecnologias de Big Data e Machine Learning para obter vantagens comerciais.

SEÇÃO 1 – ESPECTRO DE CONTROLE DE DADOS

Ao analisar os padrões dentro das "trilhas digitais" que deixamos à medida que nos movemos pelo mundo digital (sites, chamadas telefônicas, transações de cartão de crédito, sistemas de posicionamento global, etc.), os Cientistas de Dados estão descobrindo que é possível explicar muitas coisas, tais como falhas financeiras, revoluções, pânicos, que antes pareciam eventos aleatórios.

Essas novas descobertas em toda a sua complexidade, estão moldando o futuro das ciências sociais e das políticas públicas.

As três divisões dentro do espectro do controle de dados hoje para Big Data são: Dados Comuns, Dados Pessoais e Dados Governamentais.

figura - Privacidade Digital (créditos pixabay)

1 - Dados Comuns

Dados comuns, estão disponíveis para todos, com pequenas limitações de uso. Dados como saúde pública, mapas, censos, índices financeiros, transporte, governo, que quando compartilhados e analisados nos enriquece para entender melhor o mundo em que vivemos.

Estes dados podem ser utilizados gratuitamente e fazem parte dos mercados de dados (data marketplace).

Este mar de dados pode ser minerado para descobrir famosos "black swans" (cisnes negros), eventos improváveis que a humanidade imaginaria existir.

2 - Dados Pessoais (PII - Personally Identifiable Information)

São dados proprietários, controlados por indivíduos ou empresas, para quais a infraestrutura legal e tecnológica deve fornecer controle e auditoria rigorosos de seu uso.

figura - Privacidade Digital (créditos pixabay)

Este modelo foi proposto pelo Fórum Econômico Mundial, e nos permitem psicologicamente pelo menos, nos manter seguros baseados em uma rede de confiança.

Por exemplo, a sua conta bancária, é baseada neste modelo, onde ninguém acessa, além de você, que tem confiança e sabe que seus dados não serão utilizados indevidamente pelos bancos.

Esta confiança mútua pode ser quebrada, e foi o que aconteceu com o Facebook, que perdeu a confiança dos usuários, ao prometer que os dados nunca seriam usados por terceiros, mas na prática acabaram nas mãos da Cambridge Analytica.

É preciso prestar muita atenção na proteção dos dados individuais para evitar roubos digitais e uso indevido das informações.

3 - Dados Governamentais

É um risco colocar tantos dados pessoais nas mãos do governo, principalmente quando os dados ficam centralizados e podem ser atacados por interessados em vende-los para empresas ou países.

O ideal é que estes dados fiquem descentralizados e criptografado para evitar a invasão de privacidade, uma tarefa a ser resolvida pelos governos em seu investimento em tecnologia e Big Data.

Outra situação, são os dados, que o governo esconde da população, aqueles secretos, e que quando liberados, envergonham os mais patriotas.

O acesso ilimitado a dados sobre o comportamento do cidadão é um grande perigo para o governo, bem como para a sua cidadania e devem ser preservados de qualquer forma.

figura - Privacidade Digital (créditos pixabay)

Conclusões

Assim como o microscópio e o telescópio revolucionaram o estudo da biologia e da astronomia, Big Data tem o potencial de revolucionar as regulamentações e as políticas públicas.

Big Data pela primeira vez pode nos oferecer a oportunidade de vermos a sociedade em toda a sua complexidade, composta por milhões de pessoas conectadas em redes.

Estamos entrando no mundo dos dados, onde a governança é muito mais conduzida por dados do que no passado.

O sucesso de uma sociedade baseada em dados é a proteção da privacidade pessoal e da liberdade individual.

O tema está em alta. Vamos ouvir falar muito sobre como e por que devemos proteger nossos dados pessoais.

SEÇÃO 2 – PRIVACIDADE GDPR E LGPD

1 - Os seus dados como produto

Provavelmente você já ouviu falar que os seus dados pessoais são um "produto" para o Facebook, Google, Twitter, Instagram, entre outros.

Produtos podem ser vendidos, ou seja, estas redes utilizam os seus dados gratuitamente para monetizar os seus negócios.

Está chocado? Pois bem, este é um detalhe que faz toda a diferença para usuários que buscam a chamada "Privacidade Digital", evitar ao máximo o abuso na utilização de seus dados pessoais na Internet.

2 - O que são Dados Pessoais?

São informações que identificam uma pessoa, de forma direta ou indireta, tais como: dados cadastrais, endereços eletrônicos (email, endereços de IP), perfis eletrônicos, rastro digital, localização, acesso a sites, uso de aplicativos), hábitos de consumo, preferências digitais, entre outras atividades online.

3 - Direitos e liberdades fundamentais

A liberdade de escolha, é o principal ativo de uma democracia, e alguns dados, merecem ser resguardados tais como convicção religiosa, opinião política, opinião filosófica, origem racial, étnica, dados de saúde e vida sexual, dados genéticos, escolha do tipo de informação na Internet, entre outros.

4 - Regulamentações

Nos últimos anos, um grande esforço mundial vem sendo feito no sentido de definir regulamentações que permitam aos indivíduos proteger os seus dados pessoais.

Entre eles:

- GDPR
- LGPD

GDPR

O GDPR (General Data Protection Regulation) ou Regulamento Geral sobre a Proteção de Dados, foi o passo mais importante dado nos últimos 20 anos pela União Européia no sentido da privacidade de dados. Ver link https://eugdpr.org

Tão importante, que ao ser publicado e sancionado, foi quase que imediatamente acatado pelo mundo todo.

Você deve ter percebido que sites e serviços na Internet passaram a perguntar desesperadamente se você consente o uso de cookies, e de seus dados para acesso, em um tipo de contrato chamado de "Política de Privacidade".

figura - GDPR (créditos pixabay)

O objetivo deste contrato, é procurar estabelecer critérios para uso das informações pessoais, restringindo a exposição e o risco necessário para a prestação de um serviço.

LGPD

No Brasil, a medida provisória número 869 de 28 de novembro de 2018, sancionou a Lei Geral de Proteção dos Dados Pessoais (LGPD). Ela entrará em vigor em agosto de 2020.

A maior parte das empresas no Brasil já se adequaram à GDPR, vigente desde 2018 na União Europeia, farão o mesmo para a LGPD, se preparando para uma economia de dados agora mais regulamentada.

As regulamentações não protegem usuários totalmente. Elas enquadram as empresas no sentido de não utilizar indevidamente os seus dados, não sem o seu consentimento.

A maior parte das leis para uso dos dados está baseada em "transparência" e "consentimento". Ou seja, você dá o seu consentimento, e a empresa utiliza os dados com transparência e responsabilidade.

5 - Como se proteger?

Procure se proteger de todas as formas, utilize navegadores com bloqueadores, faça uso de VPNs, utilize DNS confiáveis, provedores confiáveis, sites confiáveis, computadores sempre com senhas em contas, e duplo login, verificação em duas etapas.

Leia tudo que puder sobre privacidade, e ao longo do tempo, vá procurando se proteger no uso dos serviços da Internet.

6 - Big Data e a Privacidade

Big Data lida com dados de todos os tipos, misturados, provenientes de diversos locais e em grandes volumes.

figura - Privacidade Digital (créditos pixabay)

O Cientista de Dados, buscam validar dados, mas antes, recorrem aos Arquitetos de Big Data, responsáveis por disponibilizar os dados, mediante as normas empresariais, garantindo assim a privacidade, barrando acesso aos dados que ainda não tem consentimentos de seu uso.

SEÇÃO 3 – GOVERNANÇA EM BIG DATA

Governança de TI tem a responsabilidade de estabelecer e aplicar as políticas de segurança da organização para atender aos usuários de seus sistemas, tais como o acesso dos funcionários e clientes em suas bases de dados.

Com o advento de Big Data e da inclusão dos dados "não estruturados", em maior volume que os dados corporativos tradicionais, começam a surgir os problemas de governança, pois não é evidente quais dados confidenciais estão ou não presentes, principalmente quando se trata de dados pessoais, onde a privacidade é preservada por aspectos legais.

Responsáveis por Governança de TI, em colaboração com agentes de privacidade e os proprietários de cada fonte de dados, concederão e revogarão o acesso aos recursos do sistema utilizando as políticas de autorização e os respectivos protocolos de segurança, mantendo registro dos acessos, para verificar o uso legítimo dos dados.

No caso de indústrias regulamentadas, os Data Scientist podem precisar navegar várias camadas de segurança para chegar aos dados de interesse.

figura - Governança em. Big Data (créditos pixabay)

Muitas políticas de privacidade ainda serão definidas, sendo preciso que empresas e indivíduos estejam atentos à Privacidade e Governança dos Dados na era do Big Data, onde será preciso trabalhar com padrões de segurança cada vez mais elevados.

Capítulo 9. Influências em Big Data

Bill Gates e Steve Jobs são influenciadores da era da Informática, dos microcomputadores, das interfaces gráficas e das tecnologias que revolucionaram os escritórios modernos.

figura - Steve Jobs (créditos pixabay)

Big Data e Data Science também tem pioneiros, que acreditaram que algo novo estava surgindo, alterando a vida das pessoas e dos negócios.

São empresas e profissionais que colaboraram diretamente para a explosão do uso das tecnologias de Big Data e Data Science.

Vamos conhecer alguns deles.

Google e Yahoo são os maiores influenciadores de Big Data, dando origem às primeiras aplicações. Facebook fez enormes contribuições, seguidos por LinkedIn, Netflix e Amazon.

Pessoas que trabalharam nestas empresas, se tornaram influenciadores e alguns montaram empresas que estão se perpetuando na era do Big Data.

Alguns influenciadores são:

1. D. J. Patil
2. Doug Cutting
3. Jeff Hammerbacher
4. Hilary Mason
5. Andrew Ng
6. Monica Rogati
7. Kirk Borne
8. Thomas Davenport
9. Outros influenciadores

Seção 1 – Principais Influenciadores

1 - D. J. Patil

É um matemático e cientista de computação que se tornou o primeiro Data Scientist do governo Americano, na era Barack Obama (2015-2017).

Sua contribuição para Data Science é enorme, pois atuou nos primeiros projetos de Big Data iniciados em empresas do Vale do Silício como LinkedIn, eBay, PayPal e Skype.

D. J. Patil formou a primeira equipe de Ciências de Dados no LinkedIn.

figura - D. J. Patil (créditos DJ Patil)

É atribuído a ele e Jeff Hammerbacher a criação do termo "Data Scientist".

2 - Doug Cutting

Doug dispensa apresentações.

figura - Doug Couting (créditos Doug Couting)

É o criador do Hadoop, que revolucionou a área de Big Data e também de Lucene, para indexação e busca textual em Hadoop. Ambos os software são código aberto (administrados pela Apache Foundation).

É Chief Architect na Cloudera, o mais importante distribuidor de Hadoop do mundo.

3 - Jeff Hammerbacher

Jeff Hammerbacher é um cientista de dados, cientista-chefe e cofundador da Cloudera. É Professor assistente da Universidade Médica da Carolina do Sul e investidor da startup Techammer para Ciência de Dados.

figura - Jeff Hammerbacher(créditos Jeff Hammerbacher)

Bacharel em Matemática pela Universidade de Harvard, fundou e liderou a primeira equipe de ciência de dados da Facebook, trabalhou como analista quantitativo em Wall Street e foi um empreendedor residente da Accel Partners.

É atribuído a ele e D. J. Patil a criação do termo "Data Scientist" hoje um dos empregos mais quentes do Vale do Silício.

4 - Hilary Manson

Hilary Mason é uma Cientista de Dados residente da Accel Partners, CEO e fundadora da startup "Fast Forward

Labs", uma empresa de pesquisas para Machine Learning e Data Science, adquirida pela Cloudera.

figura - Hilary Manson (créditos Hillary Manson)

Hilary foi a principal Cientista de Dados da Bitly por 4 anos, e é consultora residente da Accel Partners como Cientista de Dados, avaliando e assessorando estratégias de dados sobre tecnologias e oportunidades de investimentos.

5 - Andrew Ng

É um dos nomes mundiais mais reconhecidos na área de Inteligência Artificial (AI) e Data Science.

Atuou como cientista-chefe da Baidu, fundou e liderou a equipe do Google Brain, é presidente e cofundador da Coursera, é professor adjunto do Departamento de Ciência da Computação da Universidade de Stanford.

Possui graus da Universidade Carnegie Mellon, MIT e Universidade da Califórnia Berkeley.

figura - Andrew Ng (créditos Andrew Ng)

Sua influência em Big Data e Data Science, está diretamente associada ao campo de AI e projetos de pesquisa aplicados para resolver problemas com grandes volumes de dados. Fundou ainda as empresas deeplearning.ai e recentemente landing.ai.

6 - Monica Rogati

Foi assistente de pesquisa em laboratórios de ciência da computação na IBM TJ Watson, AT&T, e Carnegie Mellon University.

Foi assistente de design no Centro de Pesquisa Microeletrônica da NASA. Ph.D. Ciência da Computação pela Universidade Carnegie Mellon e BS em Ciência da Computação pela Universidade do Novo México.

Ingressou no LinkedIn em 2008 onde liderou a criação de produtos chave, incluindo o sistema original "Talent Match" para identificação dos candidatos aos empregos, e o primeiro modelo de Machine Learning para "People You May Know" (pessoas que você talvez conheça).

figura - Monica Rogati (créditos <u>Monica Rogati</u>)

Foi VP de Data da Jawbones, onde desenvolveu uma equipe de alto nível de cientistas de dados e engenheiros. Atualmente Monica é "Independent Advisor" (conselheira) para grandes empresas na implementação de projetos de Big Data e Data Science.

7 - Kirk Borne

O Dr. Kirk Borne é Cientista de Dados e Astrofísico. Ele é o principal Cientista de Dados do Grupo de Inovação Estratégica da Booz-Allen Hamilton desde 2015.

Foi professor de Astrofísica e Ciências Computacionais na Escola de Física, Astronomia e Ciências Computacionais da Universidade George Mason (GMU) durante 2003-2015.

Atuou como consultor de graduação do programa de Data Science e foi assessor do programa de Doutorado em Ciências Computacionais.

figura - Kirk Borne (créditos Kirk Borne)

Passou quase 20 anos apoiando os projetos da NASA, incluindo o Telescópio Espacial Hubble, Centro de Dados de Astronomia e o Escritório de Operações de Dados de Ciência Espacial.

Possui ampla experiência em grandes bancos de dados científicos e sistemas de informação, incluindo experiência em mineração científica de dados.

8 - Thomas Davenport

Tom Davenport é distinto Professor de Tecnologia e Gestão da Informação no Babson College, cofundador do International Institute for Analytics, membro da Iniciativa MIT sobre Economia Digital e consultor sênior da Deloitte Analytics.

Ele ensina Analytics / Big Data em programas executivos na Babson, na Harvard Business School, na School of Public Health, e na MIT Sloan School.

Davenport foi pioneiro no conceito de "competing on analytics" com o best-seller de 2006 da Harvard Business Review e o livro em 2007. Seu livro mais recente (com Julia Kirby) é "Only Humans Need Apply: Winners e Losers in the Age of Smart Machines".

Escreveu ou editou dezessete outros livros e mais de cem artigos para a Harvard Business Review, Sloan Management Review, Financial Times e muitas outras publicações.

figura - Tom Davenport (créditos <u>Tom Davenport</u>)

Ele é um colaborador regular do Wall Street Journal. Foi nomeado um dos 25 melhores consultores pela Consulting News, uma das 100 pessoas mais influentes na indústria de TI por Ziff-Davis, e um dos cinquenta melhores professores do mundo pela revista Fortune.

O artigo "Data Scientist: The Sexiest Job of the 21st Century" da HBR, que de fato abriu as portas do mundo para os Data Scientist foi elaborado por ele e D.J. Patil.

9 - Outros Influenciadores

Sites, revistas, empresas e mesmo editoras, anualmente fornecem listas de "**Data Influencers**", pessoas que influenciam de uma forma ou de outra o mercado de Big Data, Analytics e Data Science.

Faça uma pesquisa no Google usando "**Data Science Influencers**" ou "**Big Data Influencers**" e verá que os resultados trarão links relacionando diversos influenciadores.

Alguns algoritmos desenhados para o Twitter, buscam automaticamente estes influenciadores e geram listas, com seus respectivos endereços do Twitter.

A empresa ONALYTICA facilita acesso às redes sociais para identificação de influenciadores para várias áreas. Veja no link os principais influenciadores de Big Data.

Citamos aqui alguns pioneiros, que ajudaram a desenvolver esta nova área, mas de fato, existem muito outros que mereceriam ser relacionados e que certamente você virá a conhecê-los ao longo do tempo, na medida que for ingressando neste novo universo.

Capítulo 10. Principais Tecnologias de Big Data

Big Data foi possível graças ao surgimento e convergência de várias tecnologias.

Entre elas temos:

1. Tecnologia de Nuvem
2. Tecnologias de Software e Hardware
3. Tecnologia de Sistemas com Hadoop

Além delas, dois paradigmas tecnológicos trazem crescimento exponencial para Big Data, que são:

1. Edge Computing
2. Digital Transformation

Objetivo de Big Data

O objetivo do Big Data é obter insights para a tomada de decisões.

Além de capturar e armazenar os dados é preciso entender tendências, descobrir padrões, detectar anomalias, e ter uma profunda compreensão do problema que está sendo analisado e das perguntas que devem ser respondidas.

Big Data requer tecnologias inovadores, processamento paralelo, computação distribuída, escalabilidade, algoritmos de aprendizagem, consultas em tempo real, sistemas de arquivos distribuídos, clusters de computadores, armazenamento em nuvem, e suporte para uma grande variedade de dados.

Sem uma estrutura computacional adequada não é possível desenvolver soluções de Big Data.

Com todo o volume de dados gerados via mídias sociais, sensores, satélites, câmeras, Internet entre outros, é importante dar um significado para estes dados e aproveitar oportunidades que podem surgir.

Big Data é a soma de muitas tecnologias, e neste livro faremos um resumo para seu entendimento.

SEÇÃO 1 – TECNOLOGIAS DE NUVEM

A Computação de Nuvem (Cloud Computing) alterou rapidamente a computação pessoal e profissional, permitindo que pessoas e pequenas empresas pudessem ter as mesmas tecnologias (antes restritas às grandes empresas) disponíveis para competir de igual para igual no mundo digital.

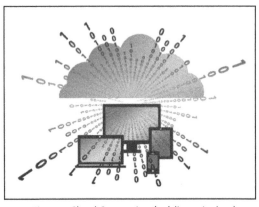

Figura - Cloud Computing (créditos pixabay)

Seu uso se estende a vários campos da tecnologia, desde o mais simples, como armazenamento de arquivos, até os mais sofisticados como virtualização de servidores e serviços computacionais da empresa.

Os serviços mais comuns oferecidos por Computação de Nuvem são:

1- IaaS (Infrastructure as a Service) - Obtenha apenas o Hardware (Máquinas Virtuais, Servidores, Armazenamento).

2 - PaaS - (Platform as a Service) - Obtenha o Ambiente Computacional (Banco de Dados, Servidores Web, Ferramentas de Desenvolvimento)

3 - SaaS - (Software as a Service) - Obtenha Software sob Demanda (CRM, email, desktops virtuais, jogos, sistemas administrativos).

4 - XaaS - (Anything as a Service) - Obtenha tudo o que precisa em Tecnologia da Informação para fazer a empresa funcionar.

SEÇÃO 2 – TECNOLOGIAS DE HARDWARE E SOFTWARE

Tecnologias de Software como Hadoop e Aprendizado de Máquina, e tecnologias de Hardware como as SSDs e GPUs aceleraram as aplicações de Big Data devido ao seu baixo custo.

figura - SSD (Solid State Drive) (créditos pixabay)

Tecnologias de Hardware

Os chamados clusters de computadores, para serviços de nuvem, diminuem cada vez mais de tamanho com o uso das SSDs (Solid State hard Drives), antes restritas para uso de memória, passaram a ocupar a tarefa de armazenamento de dados, substituindo os discos rígidos nos computadores. São muito pequenos e possuem velocidade fantástica de leitura e gravação.

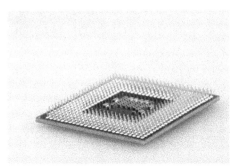

figura - Tecnologias de Hardware (créditos pixabay)

As GPUs desempenham papel fundamental na aceleração de aplicativos em plataformas como Inteligência Artificial, Blockchain, carros autônomos, drones e robôs.

Tecnologias de Software

Dados precisam de ferramentas de Análise para avaliá-los, e a Ciência da Computação, vem trazendo soluções para Big Data que utilizam Aprendizado de Máquina, permitindo aplicações excelentes para as áreas de fraude, jogos, linguagens, entre outras.

Linguagens de Programação, como R e Python (Jupyter Notebook) são essenciais, e novos paradigmas, como o Spark da Databricks, passaram a revolucionar o mercado de Big Data.

Ferramentas específicas para usuários vêm surgindo, facilitando a vida dos analistas de dados, tais como Tableau para visualização de Dados e Trifacta para Wrangling (limpeza e organização dos dados).

Novas ferramentas de software tem surgido tornando melhor e mais objetiva as aplicações de Big Data.

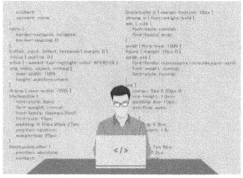

figura - Tecnologia de Software (créditos pixabay)

SEÇÃO 3 – TECNOLOGIA DE SISTEMA HADOOP

A tecnologia que permitiu escalabilidade dos dados em Big Data chama-se Hadoop.

figura – Créditos Apache Foundation

Trata-se de uma plataforma de software livre escrita em linguagem Java para computação distribuída orientada para clusters e processamento de grandes volumes de dados, com atenção para tolerância a falhas.

Se o Windows é o Sistema Operacional dos microcomputadores, o Hadoop seria por assim dizer, o Sistema Operacional do Big Data.

figura - Doug Cutting (créditos Doug Cutting)

Doug Cutting, o inventor do Hadoop, se baseou em dois artigos da Google publicados em 2003/04, um sobre sistemas de arquivos e outro sobre uma metodologia de programação chamada de MapReduce para criar o Hadoop.

Atualmente ele é "Chief Architect" na Cloudera, o mais importante distribuidor de Hadoop do mundo.

Seção 4 – Instalações de Hadoop

Hadoop é excelente para trabalhar com grandes volumes de dados em Big Data.

figura - Conceito de Clusters Hadoop (créditos pixabay)

Descrevendo algumas instalações de Hadoop.

1 - Yahoo!

Yahoo tem mais de 120.000 servidores rodando Hadoop e 800 PB de armazenamento de dados. Poucas empresas no mundo tem uma infraestrutura semelhante à esta, e devemos considerar que o Hadoop, foi iniciado por Doug Cutting em um projeto dentro do próprio Yahoo.

2 - Facebook

Facebook tem um dos maiores clusters de Hadoop do mundo. Possuem acima de 4.000 Clusters e armazenam centenas de milhões de GigaBytes. Os desenvolvedores utilizam Hive, um subconjunto do SQL (linguagem de consulta de banco de dados) para pesquisar dados e desenvolver aplicações de Big Data nos servidores Hadoop.

3 - Hortonworks

Segundo a Hortonworks (que se fundiu com a Cloudera), apenas um de seus clientes, líder em serviços de Hadoop, possui instalações com 4.500 servidores e 200 PB de dados sendo gerenciados em Hadoop com mais de um bilhão de arquivos e blocos de dados.

SEÇÃO 5 – DISTRIBUIÇÕES DE HADOOP

A história de Big Data, Hadoop e Ciência de Dados, estão conectadas, e muitos profissionais que trabalhavam nestas áreas na Google, Yahoo e outras grandes do Vale do Silício, como LinkedIn, se desligaram destas empresas para criar novos negócios baseados em Hadoop.

Três empresas distribuidoras de Hadoop se sobressaíram, que são:

1 - CLOUDERA (www.cloudera.com)
2 - MAPR (https://mapr.com)
3 - HORTONWORKS (https://br.hortonworks.com)

Elas permitem que você faça download gratuitamente do Hadoop e instale em seu computador, para testes e estudos.

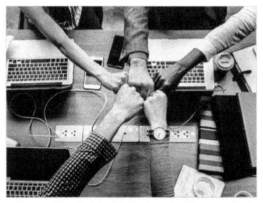

figura - Distribuições de Hadoop (créditos pixabay)

Amazon Elastic Map Reduce, Microsoft Azure HDInsight, Google Cloud, IBM, SAP (Altiscale) and DELL entre outras, oferecem os seus próprios produtos e serviços de Hadoop, ou comercializam versões de Hadoop das empresas pioneiras em seus serviços de nuvem.

Outra empresa importante é a DataBricks (https://databricks.com), que desenvolveu e popularizou o uso do Spark (processamento em tempo real) resolvendo as questões do processamento em lotes mais demorado do MapReduce de Hadoop.

SEÇÃO 6 – EDGE COMPUTING

Edge Computing (Computação de Borda) é uma nova tendência em Big Data.

Um novo paradigma, indicando que a "computação" será realizada próxima de onde os dados estão sendo capturados.

Edge refere-se à infraestrutura de computação existente próxima à fonte dos dados, utilizando computação distribuída, como ocorre com as aplicações de redes P2P peer-to-peer (par-a-par), a WWW (World Wide Web) e as aplicações de blockchain e bitcoin.

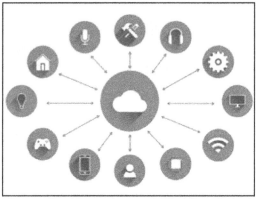

figura – Cloud Computing com IoT (créditos pixabay)

Edge é uma forma computação distribuída, que visa melhorar a performance do processamento de nuvem aproveitando recursos próximos dos dados.

Edge é o local onde encontram-se os dispositivos de borda que estão conectados, processando a informação, e fornecendo dados sintéticos, para os grandes sistemas em nuvem.

Exemplos de Edge são o processamento de dispositivos locais (celulares, smartphones, wearables, drones), sensores em motores de carros e turbinas (IoT), iluminação pública inteligente, sensores em eletrodomésticos, turbinas eólicas, termostatos, iluminação de casa, entre outros.

Razões para utilizar Edge

1 - Distribuir a carga de trabalho do computador mais próxima dos dispositivos, diminui a largura de banda, latência e sobrecarga imposta ao data center.

2 - Diminuir os custos de transmissão dos dados, não sobrecarregando os recursos de rede, processando dados próximos à fonte geradora, enviando apenas informações relevantes para serem processadas em outros locais.

3 - Melhorar a segurança considerando que grande parte dos dados dos dispositivos de IoT não trafegam pela rede, com o processamento próximo ao local de geração.

4 - Reduzir tempo de uso do servidor, interrupções em tempo de processamento, e conectividade intermitentes.

Apesar da insegurança de alguns dispositivos de IoT, que causam preocupações em relação à privacidade, vale a pena o uso de Edge, considerando que esta questão pode ser resolvida com uso de VPN (redes virtuais privadas) para transporte dos dados.

Redes CDN (Content Delivery Network) são redes Edge que distribuem geograficamente o conteúdo, melhorando o desempenho e a segurança dos sites empresariais. Akamai e Cloudfare são as CDNs mais famosas, oferecendo serviços distribuídos mundialmente como a resolução de nomes DNS.

A proliferação do Edge Computing ocorreu a partir das aplicações de IoT (Internet das Coisas), tais como uso de termostatos que permitem o ajuste prévio da temperatura do banho quando se chega cansado do trabalho, ou os assistentes de voz (Google Home, Alexa, Siri, Cortana), que vão aprendendo e reagindo com respostas quase humanas.

Na figura a seguir, o processamento final de Big Data ocorre na nuvem, sendo auxiliado pelo processamento de Edge (Edge Servers), da camada inferior, que recebe os dados a partir de sensores e controladores, aliviando os serviços de nuvem, dando respostas mais rápidas aos usuários.

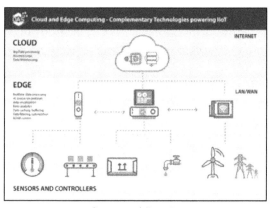

figura - créditos OAS

Na figura temos:

Nível 1= Sensores e Controladores (captura dos dados)

Nível 2 = Edge (Processamento em tempo real, Visualização de dados, Análises básicas de dados, Dados em cache, filtros, buferização, otimização.

Nível 3 = Cloud Computing (Processamento de Big Data, Lógica de Negócios, Armazém de Dados)

SEÇÃO 7 – DIGITAL TRANFORMATION

Computadores permitiram que a humanidade migrasse de modelos analógicos para digitais. Livros, filmes, contas de banco, serviços de taxi, compras, carros, relógios, exames médicos, telefones, e até namoros se tornaram "digitais".

Digital Transformation (Transformação Digital) é um novo conceito tecnológico, um paradigma, que corresponde ao uso e integração da tecnologia digital em todas as áreas e fases da realização dos negócios, alterando a forma como as empresas atuam e agregam valor aos consumidores.

É uma mudança de atitude, que desafia as empresas a migrarem e sustentarem seus ecossistemas cada vez mais de forma digital, mesmo fracassando em algumas tentativas, o que é considerado normal nesta cultura.

Figura - Digital Transformation (créditos pixabay)

O termo ainda causa mal estar no meio empresarial, considerando a substituição de práticas empresariais antigas e consolidadas, em favor de novas com recursos totalmente digitais, podendo ser experimentadas em função do tipo de negócio e alterações de mercado.

Acredita-se que a verdadeira transformação digital é baseada na adoção completa de três elementos: cultura, processo e tecnologia.

Obviamente Tecnologia é um importante elemento da transformação digital, mas muitas vezes trata-se de eliminar as tecnologias antigas, e atualizá-las, mesmo correndo riscos de falhas. A cultura da organização deve entender que falhas em adoção de tecnologias digitais fazem parte da nova cultura.

O que se percebe é que os avanços digitais como análise de dados (Big Data Analytics), mobilidade, redes sociais, dispositivos inteligentes, Aprendizado de Máquina, Inteligência Artificial, Blockchain, AR, VR, e o aprimoramento de tecnologias tradicionais como CRM e ERP estão proporcionando melhores relacionamentos com clientes e aumentando propostas de valor.

Adoção de Transformação Digital

A principal razão para a adoção da Transformação Digital pelas empresas é sem dúvida a sua própria sobrevivência. Elas estão em diferentes lugares nesta jornada, mas a velocidade se tornou um ponto imperativo para todos. Muitos líderes são pressionados para mostrar iniciativas digitais em sua gestão.

A maior parte das empresas pensa que seus concorrentes estão adiantes nesta corrida, pelo fato da imprensa promover projetos dos transformadores mais rápidos, mas que de fato ainda não obtiveram críticas em seus resultados finais.

O que todos sabem é que as empresas que acertaram em seus projetos digitais, estarão na frente em suas áreas de competição.

Big Data e Digital Transformation

Big Data é uma tecnologia chave para a implementação de Digital Transformation nas empresas, e através dela, se obtém muitos resultados positivos tornando os clientes mais ativos.

Com Big Data é possível estabelecer maior conhecimento sobre as base de dados tradicionais (datasets), mesclá-las com dados não estruturados, e identificar "insights" que proporcionam novos conhecimentos empresarias.

No coração da Transformação Digital estão as tecnologias de Big Data que permitem ajustes empresariais estratégicos, minimizam custos e maximizam os resultados.

CAPÍTULO 11. ANÁLISE DE DADOS EM BIG DATA

Com Big Data podemos fornecer experiências personalizadas a milhões de usuários, entender o que motiva os clientes, o que atrasa as linhas de produção, podemos analisar genomas para pesquisa sobre o câncer, e evoluir na Astronomia e na Física.

Para obter insights sobre dados, é preciso aplicar métodos analíticos adequados ao seu tratamento, uma prática conhecida como "Ciência de Dados (Data Science).

Métodos Analíticos objetivam adivinhar o futuro, elaborar profecias, previsões, e isso chamamos d O termo "Analytics" ou "Data Analytics" tem sido amplamente utilizado, considerando que as empresas, realizam análise de dados em várias áreas, como financeira, marketing e de negócios em geral.

Business Intelligence realiza análise de dados, mas não inclui a modelagem preditiva. BI é considerado uma parte dentro de Data Science.

Business Analytics (Análise de Negócios), Data Analytics (Análise de Dados), Data Mining (Mineração de Dados), Text Analytics (Análise de Textos) e Predictive Analytics (Análise de Previsão ou Preditiva) são termos essencialmente inclusos dentro do campo de Ciência de Dados, utilizados para se referir ao ato de realizar "Análise de Dados".

Como o termo "Data Science" é relativamente novo, surgiram outros para se referir ao ato de "Analytics". Por exemplo, o termo "Big Data Analytics" faz referência ao uso dos métodos analíticos aplicados para grandes volumes de dados, no caso Big Data.

A Ciência de Dados está o centro de Big Data, preocupada com a análise de dados e a extração de conhecimentos a partir de insights, construindo modelos preditivos a partir de métodos analíticos. e "Predictive Analytics" (Análise Preditiva).

SEÇÃO 1 – ANÁLISE EM TODOS OS LUGARES

Data Science ou Ciência de Dados é entendida como sendo um **processo**, que inclui a compreensão do negócio, dos dados, sua preparação, análise exploratória, modelagem, aplicações computacionais, avaliação dos insights, e ação para produzir os resultados.

figura - Analytics ou Análise de Dados (créditos pixabay)

"Analytics", por outro lado, estabelece o ato de realizar uma análise de dados, em vários níveis de profundidade, o que nos permite dizer que uma Análise de Dados pode ser extremamente complexa ou muito simples.

O uso de Analytics cresceu exponencialmente em todas as áreas incluindo saúde, governo, varejo, indústria e serviços.

O Gartner classifica "Analytics" em 4 níveis ou tipos: Descritiva, Diagnóstica, Preditiva e Prescritiva.

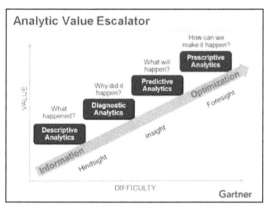

figura - Modelo Analítico do Gartner (créditos Gartner)

A figura mostra que; à medida que a dificuldade da Análise aumenta, também aumentam os valores dos resultados para a empresa, ou o valor das análises corporativas.

As empresas podem realizar ou estar realizando os quatro níveis de análise ao mesmo tempo, em função do problema a ser resolvido, ou mesmo da necessidade de uma análise departamental ser mais profunda ou não.

Em cada etapa, temos as perguntas ou níveis, relativos a cada tipo de Análise (Descritiva, Diagnóstica, Preditiva, Prescritiva).

Etapas e Perguntas:

1-Descritiva: O que aconteceu?

2-Diagnóstica: Por que aconteceu?

3-Preditiva: O que vai acontecer?

4-Prescritiva: Faça acontecer.

figura - Maturidade Analítica -(créditos <u>Gartner</u>)

No modelo Gartner, o dado é transformado em "informação", gerando um "insight" que será aplicado aos negócios, a partir da otimização e da previsão da Análise de Dados que ocorre na última fase, a Prescritiva.

Desta forma, as empresas podem se valer da Análise em todas as fases, ou seja, podem passar a medir praticamente tudo, e não mais apenas os dados tradicionais, chamados de transacionais.

Os dados, relacionados a todos os aspectos do negócio, quando analisados, começam a contar uma nova história, que sendo interpretada de forma correta darão uma nova eficácia aos negócios.

SEÇÃO 2 – ANÁLISE DESCRITIVA

Análise Descritiva dos Dados é o processo de coleta, limpeza e apresentação de dados para obter informações imediatas. É o primeiro contato com os dados, buscando responder perguntas simples, tais como: Por que as nossas vendas estão diminuindo? Quais tipos de pessoas estão comprando nossos produtos?

O objetivo é entender questões básicas sobre o negócio a partir de um processo de observação, pesquisa exploratória, pesquisa descritiva e mesmo pesquisa causal da relação entre duas variáveis.

Uma Análise Descritiva é uma forma de vincular o mercado à empresa através de decisões, ou a melhor maneira de obter a informação necessária para tomar rapidamente alguma decisão de negócios.

figura - Análise Descritiva (créditos pexels)

108

Para realizar Análise Descritiva utilizamos dados armazenados no Data Warehouse da empresa, e ferramentas para gerar relatórios gerenciais, como o Excel, ou ferramentas específicas de BI (SAP, Oracle, Tableau), que acessam os Armazéns de Dados, para construir as suas próprias tabelas e gerar relatórios decisórios.

SEÇÃO 3 – ANÁLISE DIAGNÓSTICA

Análise Diagnóstica são os esforços de resolução de problemas, que acrescentam um valor significativo para uma resposta procurada, apresentando de forma visual a solução deste problema.

Consiste em reunir dados relevantes provocando insights e criando novas informações, como um novo campo por exemplo, gerado a partir dos dados iniciais, do tipo: Quanto tempo se passou desde a última compra?

figura - Análise Diagnóstica (créditos pixabay)

As ferramentas de visualizações de dados, como Tableau, por exemplo, facilitam o trabalho nesta fase, pois são excelentes para a visualização de insights utilizando tabelas e gráficos bem desenhados, filtros, e técnicas de extração de dados.

A Análise Diagnóstica serve mais como uma investigação, respondendo "Porquê?" e "Como" um evento ocorreu?

Nesta etapa, recomenda-se que o Analista de Dados tenha um bom conhecimento de banco de dados (SQL) e ferramentas de visualização de dados como o Tableau por exemplo.

SEÇÃO 4 – ANÁLISE PREDITIVA

Análise Preditiva fornece suporte para o entendimento de eventos futuros, das tendências futuras baseadas nos dados.

Aqui são empregadas técnicas de análise mais avançadas, como métodos e modelos estatísticos, algoritmos sofisticados de mineração de dados e Aprendizado de Máquina.

A bem da verdade, é nesta etapa, que começamos a pensar em Big Data, considerando que podemos aplicar estas técnicas para grandes volumes de dados, e tentar de certa forma "adivinhar o futuro".

É aqui, que as empresas começam a se diferenciar, e onde começa a surgir a figura do Cientista de Dados, responsável por mudar a "data status" da empresa.

As habilidades das empresas em realizar Análises Preditivas podem aumentar consideravelmente a satisfação do cliente. Se você já utilizou o LinkedIn, vai perceber que a partir da análise dos perfis dos usuários, se consegue prever as suas habilidades profissionais, associando-os a um determinado cargo e futuro emprego.

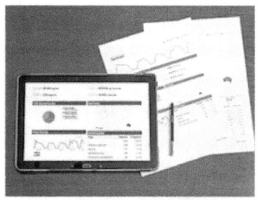

figura - Análise Predictive (créditos pisabay)

SEÇÃO 5 – ANÁLISE PRESCRITIVA

Análises Prescritivas indicam o que deve ser feito, ou o que deve ser executado em termos práticos (action).

Ela visa responder à pergunta "Como podemos fazer algo acontecer?", indo além da Análise Preditiva, no sentido de relatar as prováveis consequências das escolhas.

Ela é uma análise completa, que combina as anteriores, e mostra o caminho a ser seguido na execução de uma estratégia de negócios, sendo caracterizada pelo uso das novas e recentes tecnologias de redes neurais, análises gráficas das redes sociais, motores de recomendação e aprendizado de máquina.

As soluções de Análise Prescritivas geram previsões e recomendações acionáveis, como os Sistemas de Recomendação da Netflix e Amazon (que utilizam em larga escala este tipo de Análise), onde as escolhas dos usuários, compras ou cliques de navegação, vão estabelecendo as possíveis recomendações de novos filmes ou produtos.

figura - Análise Prescritiva (créditos <u>pixabay</u>)

Análises Prescritivas ainda são relativamente complexas para serem implementadas, mas podem ter um grande impacto no processo decisório das empresas, que podem obter crescimento e agilidade em suas linhas de negócios.

CAPÍTULO 12. FERRAMENTAS DE ANÁLISE DE DADOS

As ferramentas de Análise de Dados estão em grande demanda, pois os dados se tornaram um ativo da empresa, e eles só tem algum valor, se for possível extrair conhecimentos e insights.

São numerosas as ferramentas de Análise de Dados, desde as linguagens de programação como Python e R, ferramentas para soluções estatísticas ou matemáticas, ferramentas de BI, ferramentas comerciais das grandes empresas como Amazon, Microsoft, Google, IBM, até as que surgiram recentemente na era de Big Data.

Das dezenas existentes, relacionamos aqui algumas delas, utilizadas em Analytics, Data Science e Big Data. Boa parte são código aberto e sem custo.

1. Planilha: Microsoft Excel
2. Linguagens: R e Pyhton
3. Análise Estatísticas: SAS, SPSS
4. Visualização: Tableau, Qlik
5. Analytics e Data Science: KNIME
6. Wrangling: Trifacta
7. Predictive Analytics: H2O
8. Análise de Dados de Máquinas: Splunk
9. Plataformas Colaborativas: Rapid Miner e Dataiku
10. Plataforma Científica: Matlab
11. Hadoop Framework: Spark
12. Machine Learning Frameworks

As ferramentas e plataformas vão sendo atualizadas ao longo do tempo e outras novas surgem, aproveitando as oportunidades oferecidas pelo mercado, dando origem à novas empresas de software para Analytics, Ciência de Dados e Inteligência Artificial.

A seguir vamos descrever resumidamente as ferramentas citadas.

Seção 1 – Principais Ferramentas de Análise

figura - Ferramentas de Análise (créditos pixabay)

1 - Planilha: Microsoft Excel

O Excel, é uma das ferramentas de análise mais utilizadas no mundo, dada a sua enorme base instalada. Ela é uma ótima maneira de começar a aprender os conceitos básicos de análise, pois oferece recursos importantes, como manipular, resumir e visualizar dados.

2 - Linguagens R e Python

Orientadas para Análise de Dados, Data Science e projetos de Big Data. Gratuitas, fáceis de serem instaladas e com suporte de uma grande comunidade.

R é uma linguagem mais antiga, desenvolvida para computação estatística e gráfica, e se popularizou na era do Big Data, devido ao seu intenso uso pela comunidade científica para solucionar problemas de Ciência de Dados. Vale a pena utilizar RStudio para o desenvolvimento em R.

Python, é uma linguagem de script, mais moderna, e se tornou popular por ser adotada pela Google para muitos projetos. Utilizada em Ciência da Computação, acabou se tornando muito popular para Big Data. Uma das melhores implementações de Python é Jupyter Notebook, onde se programa, documenta, e se conta a história dos dados. IPhyton Notebook, é um ambiente para programação interativa em Python.

Estas linguagens possuem bibliotecas prontas para trabalhar com diferentes tipos de aplicações, inclusive as de Aprendizado de Máquina. Spark implementa estas linguagens para o desenvolvimento de aplicações de Big Data.

3 - Ferramentas Estatísticas: SAS, SPSS

Ferramentas estatísticas de análise de dados, ganharam poder na era do Big Data, contendo métodos e modelos estatísticos necessários para a solução dos problemas.

SAS - É uma empresa, que fornece soluções de BI utilizando uma plataforma de programação para análise estatística e que migrou para oferecer ao mercado soluções mais completas de análise de dados para Big Data. Visite o site SAS.

SPSS - É um software de análise estatísticas da IBM que foi melhorado ao extremo para oferecer além dos relatórios estatísticos, modelagem preditiva, mineração de dados, e análise de Big Data. Visite o site SPSS.

4 - Visualização de Dados: Tableau e Qlik

Uma das áreas de maior crescimento de Analytics, é a que chamamos de Visualização de Dados, endereçada para prototipagens rápidas, análises gráficas, e apresentação visual das análises.

Dashboards são painéis gerenciais, disponíveis também para mobile, que facilitam aos usuários a leitura dos principais indicadores de desempenho do negócio.

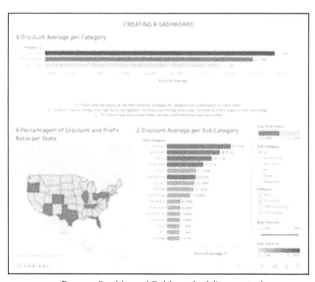

figura - Dashboard Tableau (créditos autor)

Tableau, é uma ferramenta para Visualização de Dados, que se integra aos bancos de dados relacionais, planilhas e sistemas de Big Data.

Qlik, é uma empresa que iniciou com BI e que oferece várias ferramentas para análise e visualização de dados. Ganhou forte aderência com Big Data e se tornou uma plataforma de Analytics, com vários produtos oferecidos.

5 - Analytics e Data Science: KNIME

KNIME é uma plataforma para análise e mineração de dados para resolver problemas avançados de Ciência de Dados utilizando Aprendizado de Máquina. Uma interface gráfica permite a montagem da análise, desde a ETL, modelagem, análise e visualização de dados. Utilizada para resolução de problemas de várias áreas, genômica, industrial, saúde, comercial, entre outras.

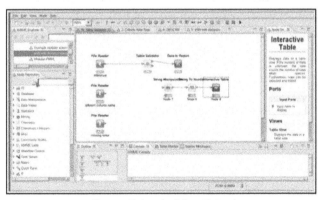

figura - Knime (créditos Knime)

6 - Wrangling: Trifacta

"Data Wrangling" ou "Data Munging" é o processo de transformação dos dados, tornando-os mais apropriados para a análise. "**Data Preparation**" é o processo de coletar, limpar, normalizar, combinar e estruturar os dados para análise.

Diversas técnicas, métodos e pacotes de software, surgiram dentro das ferramentas de análise e programação, para apoiar estes processos, essenciais para análises preditivas.

Trifacta, é uma ferramenta para ganhar tempo na preparação dos dados, e ainda se ter uma prévia sobre a sua provável transformação. Ela se conecta a Hadoop, Spark e outras tecnologias de Big Data para facilitar o processo de Wrangling.

7 - Predictive Analytics: H2O

H2O é um software de código aberto, uma plataforma de análise preditiva (em memória, distribuída, rápida e escalável) que permite a construção de modelos de Aprendizagem de Máquina para Big Data e facilita a produção destes modelos em ambientes empresariais.

É desenvolvida pela empresa H2O.ai, lançada em 2011 no Vale do Silício. H2O permite aos usuários ajustar milhares de modelos analíticos potenciais como parte da descoberta de padrões em Big Data.

8 - Análise de Dados de Máquina: Splunk

A empresa Splunk oferece uma plataforma para inteligência operacional, para pesquisar, monitorar, analisar e visualizar dados de máquinas, gerados por computadores, dispositivos móveis, carros e Internet das Coisas.

Com Splunk, é fácil coletar, analisar e tomar decisões em função do valor de Big Data gerado por sua infraestrutura de tecnologia, sistemas de segurança, aplicativos de negócios, que fornecem insights para promover o desempenho operacional e os resultados de negócios e dados gerados a partir de IoT (Internet das Coisas).

figura - Splunk (créditos Splunk)

Splunk oferece também análise preditiva utilizando as técnicas de Aprendizado de Máquina baseados nos padrões de dados gerados nos sistemas corporativos.

9 - Plataformas Colaborativas: Rapid Miner e Dataiku

Com o aumento de projetos em Data Science e Big Data, e a necessidade de trabalhos em grupo, surgiram as plataformas colaborativas de Ciência de Dados.

Dataiku é uma plataforma colaborativa para trabalho em equipes de Data Science (Cientistas e Analistas de Dados, Engenheiros de Dados) para explorar, prototipar, construir e entregar produtos de dados mais eficientemente.

RapidMiner é uma plataforma colaborativa de software para equipes de Data Science que unifica a preparação dos dados, o Aprendizado de Máquina e a implantação dos modelos preditivos.

10 - Plataforma Científica: MATLAB

MATLAB é uma plataforma de software interativa para a área científica, voltada para engenheiros, professores e pesquisadores. (créditos MATLAB)

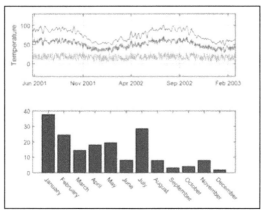

figura - Gráfico gerado com MATLAB (créditos MATLAB)

MATLAB é orientada para cálculo numérico, cálculo com matrizes, processamento de sinais e construção de grafos, em ambientes onde as soluções são expressas na forma como são escritas matematicamente.

MATLAB pertence a MathWorks, uma empresa, que nasceu a partir do primeiro código fonte escrito para MATLAB por Cleve Moler, do departamento de ciência da computação da Universidade do Novo México.

As soluções de MATLAB atingem todas as áreas de atividades humanas, e cresceram para fornecer suporte para Análise de Dados, Big Data, Machine Learning e Analytics em geral.

11 - Spark

Apache Spark é um framework para Hadoop, que permite uso de Python, Scala, Java e R como linguagens, além de pacotes para SQL, ML, Streaming e Grafos.

Os criadores de Spark, fundaram a empresa Databricks que continua o desenvolvimento de Spark oferecendo serviços, plataforma e produtos adicionais.

"Databricks Unified Analytics Platform", está se tornando rapidamente a plataforma de escolha para trabalhar com Big Data, Analytics e Machine Learning.

12 - Machine Learning (ML) Frameworks

Quando o Data Scientist utiliza Aprendizado de Máquina (ML) é preciso escolher um framework ou plataforma de trabalho.

Existem várias delas, além de bibliotecas, aplicações e kits de ferramentas que podem ser úteis em projetos neste segmento.

Apache Mahout - Mahout foi desenvolvida para dar suporte ao uso de algoritmos de clustering, classificação, colaboração, bastante utilizados em Aprendizado de Máquina.

121

Tensorflow - foi desenvolvida pela Google Brain Team, e está sendo extensivamente utilizada para aplicações que utilizam as técnicas de redes neurais e aprendizado de máquina.

figura - Logo Google TensorFlow (créditos Google Tensorflow)

Caffee - é uma framework para aprendizado de máquina, que utiliza classificação de imagens em redes neurais, com o objetivo final de atender projetos que se valem de "computer-vision" como driverless (veículos autônomos) por exemplo.

Capítulo 13. Conceitos de Aprendizado de Máquina

"Machine Learning" (ML) ou "Aprendizado de Máquina" é um termo utilizado com frequência.

Aplicações de ML vem crescendo em várias áreas de atividades humanas, como saúde, educação, entretenimento, fraudes e indústria em geral.

ML e Big Data se completam, com grandes volumes de dados sendo utilizados para "treinar" ou "educar" uma determinada aplicação, que vai ao longo do tempo "aprendendo".

Vamos descrever ML a nível conceitual, para estarmos aptos a visualizar seu uso com Big Data e aplicações práticas de mercado.

Data Science é a prática de coletar, organizar e otimizar dados complexos, descobrindo relações e anomalias entre variáveis e desenvolvendo aplicações que transformam dados em informações valiosas (insights).

Cientistas de Dados coletam, processam, limpam e verificam a integridade dos dados utilizando habilidades de engenharia computacional, estatística e matemática para construir MODELOS, como prever o comportamento do consumidor ou identificar segmentos de clientes.

Estes MODELOS, podem ser implementados utilizando algoritmos de ML, e por esta razão ML se tornou importante para Big Data.

ML é uma área da Ciência da Computação, que está conosco já há algum tempo, mas agora vem se tornando popular considerando o baixo custo do hardware, processamento, tecnologia de nuvem, armazenamento e o crescente volume de dados gerado por Big Data.

Estas facilidades levaram ao desenvolvimento de modelos computacionais (algoritmos) que permitem analisar grandes volumes de dados, com resultados rápidos, precisos, e previsões que geram decisões sem a intervenção humana.

SEÇÃO 1 – CONCEITUANDO MACHINE LEARNING

Algoritmos e Modelos

Algoritmo é uma sequência lógica de instruções ou passos que devem ser seguidos para resolver um determinado problema. O termo pode ser utilizado para se referir a um programa de computador ou aplicativo.

Algoritmos descrevem a lógica humana, para resolver um problema, em diferentes etapas e podem ser transcritos e codificados em linguagens de programação, traduzindo estes passos em instruções para o meio digital, para ser interpretado e executado por um computador.

Algoritmos de Machine Learning são complexos, empregando modelos estatísticos e matemáticos aplicados a processos computacionais, desenvolvidos com a finalidade de identificar "padrões" e aplicá-los na solução de problemas.

Seres humanos são muito bons para identificar padrões. Qualquer um pode distinguir um tigre de uma zebra, apesar de ambos serem listrados.

Computadores são péssimos para identificar padrões, mas são rápidos e precisos para lidar com grandes volumes de dados.

Objetivos de ML

ML é o campo de estudo que se concentra nos sistemas de computador que aprendem com os dados, por reconhecimento de "padrões".

Estamos passando a ensinar os computadores a lidarem com padrões, passando a eles esta qualidade humana tão invejada.

figura - Machine Learning (créditos pixabay)

Para isto utilizamos "Modelos Analíticos" chamados de "Algoritmos de ML", que permitem ao computador por si só, ir aprendendo com os dados, sendo antes treinado a partir deles, para obter a capacidade de manipular processos e tomar decisões, sem interferência humana.

Os modelos aprendem a executar uma tarefa específica analisando dados fornecidos.

Por exemplo, um modelo poderia aprender a reconhecer a imagem de um gato sendo apresentado a ele milhares de imagens e vídeos de boa qualidade destes animais. Ver artigo "Google cria rede neural com 16 mil computadores interligados"

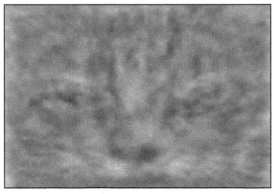

figura - A face de um gato criado pelo Google Brain (créditos Google)

Pelo fato dos modelos aprenderem com os dados, eles podem ser utilizados para descobrir padrões e tendências ocultas nos mesmos, muitas vezes não identificadas pelos humanos, levando a resolver um problema específico.

ML se concentra no estudo e construção de modelos que podem aprender com os dados sem serem explicitamente programados.

ML é um campo interdisciplinar que combina áreas diferentes como matemática, estatística, ciência da computação, AI e conhecimento de domínio, da área aplicada ao problema.

O desenvolvimento de Modelos Analíticos é uma das atividades mais importantes de um Data Scientist, assim como também a sua validação e aplicação prática.

Conceituando Machine Learning

A seguir, fornecemos algumas definições de ML.

1. É a habilidade das máquinas aprenderem por elas próprias a partir dos dados.
2. É um método de análise de dados que automatiza o desenvolvimento de modelos analíticos, empregando algoritmos que aprendem interativamente a partir dos dados.
3. Refere-se à prática de treinar computadores via algoritmos para reconhecer padrões e inferir previsões, emulando uma habilidade semelhante à humana de aprender com a "experiência".

Em ML, a "experiência" que as máquinas obtêm podem vir de seres humanos, inserindo e indicando os melhores dados ao computador.

AlphaGo da Google (jogo de Go que utiliza ML) vai aprendendo a jogar à medida que joga contra os seus oponentes humanos, quanto mais joga, mais aprende, mais se torna experiente.

Aprender com os dados e pela experiência dos humanos (que se traduzem em dados), é o segredo dos algoritmos de ML.

Etapas de ML

Quanto mais dados e experiência adicionada, mais o usuário treina o sistema de ML, o que faz com que as previsões se tornem mais precisas.

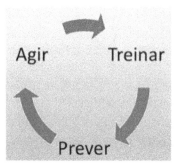

figura - Etapas de Machine Learning (créditos autor)

Essencialmente, ML tem um ciclo de 3 etapas.

Etapa 1 - Treinar

O primeiro passo de qualquer sistema ML é treinar o modelo. Aqui, o algoritmo recebe a sua finalidade básica: extrair padrões de dados. Os treinamentos subsequentes pode vir do usuário e não requerem orientação ou técnica.

Etapa 2 - Prever

Uma vez que o algoritmo tenha dados suficientes, ele pode começar a fazer previsões. Essas previsões essencialmente respondem à pergunta "o que corresponde ao padrão de dados procurado?".

Etapa 3 - Agir

Para se tornar ainda mais preciso, o modelo precisa de feedbacks, que é a fase de Ação. Nesta etapa, o usuário indica se a previsão está correta ou incorreta, o que, por sua vez, treina o modelo, reiniciando o ciclo. Nesta etapa, é preciso ter conhecimento de domínio, para claramente treinar o modelo.

SEÇÃO 2 – APLICAÇÕES PRÁTICAS DE ML

Machine Learning afetando a vida das pessoas

Ao receber emails, perceba que o sistema já separou os chamados "spams" tão indesejados.

Você indica quais deles são spams, treinando o algoritmo de ML para não mais lhe enviar emails semelhantes, sejam provenientes de um endereço web, ou por conter palavras chaves indesejadas.

"Viagra" é uma palavra indesejada, e os emails que a contém acabam sendo colocados em spams. Uma vez rejeitado um email que contém a palavra "viagra", automaticamente todos os demais contendo esta palavra, serão considerados spam.

figura - Veículo Autônomo da Google (créditos Waymo/Alphabet)

Netflix solicita constantemente aos usuários que revisem os programas e filmes assistidos. A finalidade aqui é treinar o modelo de recomendação (ML), com base no que você escolheu e como reagiu a estas escolhas.

Netflix quer entender o gosto e as preferências dos usuários para melhorar a experiência de ver filmes, e para tanto utiliza algoritmos de ML.

Aplicações práticas de ML

Algoritmos de ML ganharam dimensão comercial sendo inseridos em atividades de uso diário.

Alguns exemplos são:

1. Veículos autônomos, sem motoristas.
2. Sistemas de recomendações como o Netflix e Amazon.
3. Aplicações orientadas para processamento textuais como as da Google para pesquisa na Internet.
4. Detecção de fraudes, utilizadas no setor financeiro.
5. Filtragem de spams utilizados pelos provedores como Gmail e Hotmail.
6. Jogos, Vídeo games, Xadrez e o AlphaGo (projeto da Google que venceu o campeão mundial da Coreia do Sul).
7. Saber o que os seus amigos estão falando sobre você no Facebook, Twitter e outras redes sociais.
8. Análise sentimental baseada no uso das aplicações de Internet, como compras e uso de redes sociais.
9. Reconhecimento de imagens com identificação, como as utilizadas nos sistemas de reconhecimento de faces no Facebook, Google Fotos e Apple Fotos.

10. Detecção de fraudes bancárias e no uso de cartões de crédito.
11. Orientações de trânsito feitas através do aplicativo Waze para indicar o melhor caminho.
12. Prever riscos de saúde e diagnósticos para tratamentos médicos, realizados pelo Sistema Watson da IBM em oncologia para diagnosticar câncer.
13. Geração automática de legendas descritivas para imagens identificando pessoas, objetos e ações.
14. Combate a Malware (códigos maliciosos) que se instalam de nos computadores.
15. Chatbots, assistentes virtuais que atuam em atendimento usando reconhecimento de voz.

16.

figura - AlphaGo da DeepMind contra Lee Se-dol (campeão Coreano de Go) (créditos DeepMind)

SEÇÃO 3 – ALGORITMOS UTILIZADOS EM ML

Existem vários tipos de algoritmos utilizados em ML para resolver diferente tipos de problemas.

Os quatro principais algoritmos são:

1. Classificação (classification)

2. Regressão (regression)
3. Agrupamentos (clustering)
4. Associação (association analysis)

1 – Classificação

O objetivo aqui é classificar uma CATEGORIA de dado de entrada. Por exemplo, podemos classificar se um pedido de empréstimo tem risco alto, médio ou baixo.

figura - Classificação (créditos pixabay)

Classificar o tipo de Like do Facebook (like, Love, Haha, Wow, Sad, Angry). Classificar se o tumor é benigno ou maligno. Classificar se o sexo é masculino ou feminino. Classificar se o dia está ensolarado, chuvoso, ventoso ou nublado. Classificar se é um gato ou um cachorro.

2 - Regressão

Na classificação, estamos interessados em categorias, enquanto na regressão, em prever valores numéricos.

figura - Regressão (créditos pixabay)

Por exemplo, prever o valor de uma ação ou de uma cotação, é um problema de regressão. Prever se a ação vai subir ou vai descer, já seria um problema de classificação.

Prever a provável pontuação de uma prova ou teste, prever a quantidade de chuva de uma região, prever a demanda de um produto com base no tempo, prever o quão eficaz um medicamento será para uma determinada doença, ou prever o clima baseado na estação do ano são exemplos de regressão.

3 - Agrupamentos

Agrupamentos ou "clustering" é o método de organizar itens semelhantes em grupos ou conjunto de dados. Por exemplo, segmentação de cliente por tipo (idade, sexo, valor da compra) é uma aplicação de clustering para identificar comportamentos de compras e desenvolver um marketing segmentado em função do interesse de cada um deles.

figura - Clustering (créditos pixabay)

Identificar tipos de crimes a partir de informações geográficas e de relatórios policiais. Agrupar regiões do mundo por tipo, como desérticas, montanhas, planícies, comparando o tipo de vegetação e animais, para avaliar processos evolucionários. Agrupar tipos de doenças a partir de imagens médicas para prever futuras epidemias.

4 - Associação

Análise de Associação tem um grande apelo em identificar associações entre produtos, itens ou eventos relacionados, através da criação de regras.

Estas regras, identificam itens ou eventos que ocorrem juntos, ou que estão fortemente relacionados.

Um exemplo interessante e que deu origem ao chamado algoritmo de MBA (Market Basket Analysis) análise de cesta de compras, utilizado em Mineração de Dados, faz uso de regras de associação para identificar hábitos de compra dos clientes, fornecendo uma visão da combinação de produtos a partir das cestas de compras dos clientes.

Ele funciona procurando por combinações de itens que ocorrem juntos, frequentemente em transações. Por exemplo, pessoas que compram cerveja, gostam de fazer churrasco, e portanto, pode ser interessante colocar ao lado da cerveja, o carvão, a carne, tempero entre outros itens. Isso pode resultar em aumento de vendas destes produtos.

Um folclore conta que uma cadeia de supermercados utilizou a análise de associação para descobrir a conexão entre a compra de fraldas e a venda de cervejas.

figura - Análise de Cesta de Compras (créditos pixabay)

Descobriram que a maior parte de clientes (pais) que vão até a loja à noite aos domingos comprar fraldas, acabam comprando também cervejas.

Aparentemente os itens não estão relacionados, mas eles colocaram próximos as cervejas e as fraldas e viram um salto enorme nas vendas de ambos os itens.

Uma relação entre itens comprados em um mesmo horário, pode levar uma loja a associar e dar um desconto para a compra de maior quantidade destes itens aumentando as suas vendas.

Na área financeira, por exemplo, é possível imaginar alguns produtos comuns, como alguém que tem uma poupança, e ao mesmo tempo um seguro de casa, possa também adquirir um seguro de carro. São as famosas vendas cruzadas.

Aprendizado Supervisionado e Não Supervisionado

Costuma-se classificar os métodos analíticos de ML (aqui conhecidos como algoritmos) em **Aprendizado Supervisionado** ou **Aprendizado Não Supervisionado**.

1 - Aprendizado Supervisionado

Neste modelo dizemos que os dados ou o destino dos dados estão rotulados para cada amostra que se tem para avaliação.

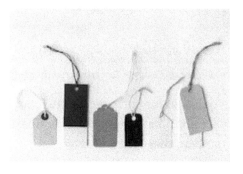

figura - Supervisionado (créditos pixabay)

Por exemplo, ao classificar se um tumor é benigno ou maligno, o alvo que é o tipo de tumor, está fornecido, está rotulado, para todas as amostras de dados fornecidas.

O Aprendizado Supervisionado é comumente usado em aplicações nas quais os dados históricos preveem prováveis acontecimentos futuros. Por exemplo, ele pode prever a probabilidade de as transações de cartão de crédito serem fraudulentas ou qual cliente do seguro deve registrar uma reclamação.

Em geral a **CLASSIFICAÇÃO** e a **REGRESSÃO** são abordagens Supervisionadas e mais de 70% das aplicações de ML são baseadas em Aprendizado Supervisionado.

2 - Aprendizado Não Supervisionado ou Sem Supervisão

Neste caso, os dados não são rotulados, e o alvo do modelo que se está prevendo é desconhecido.

Por exemplo, ao segmentar clientes em diferentes grupos, as amostras de dados não estão previamente rotuladas, e os itens acabam agrupados baseados nas características comuns, e não por rótulos. A tarefa de agrupar clientes é Não Supervisionada.

Aprendizado Não Supervisionado funciona bem com dados transacionais.

Por exemplo, ele pode identificar segmentos de clientes com atributos semelhantes que podem ser tratados de modo semelhante em campanhas de marketing. Ou ele pode encontrar os principais atributos que separam os segmentos de clientes uns dos outros.

Em geral, a **ANÁLISE DE CLUSTERING** e **ANÁLISE DE ASSOCIAÇÃO** são abordagens não supervisionadas

Em resumo teríamos:

Supervisionado (com rótulos)	Não Supervisionado (sem rótulos)
CLASSIFICAÇÃO	CLUSTERING
REGRESSÃO	ASSOCIAÇÃO

3 - Aprendizado de Reforço

Além dos Aprendizados Supervisionados e Não Supervisionados, temos ainda o chamado **Aprendizado de Reforço** que é um tipo de aprendizado de máquina utilizado para Robótica e Internet das Coisas, aonde a partir do conjunto de leituras dos sensores, em um ponto no tempo, o algoritmo deve escolher a próxima ação a ser tomada.

figura - Mars Rover Curiosity (robô da NASA que utiliza ML para explorar a superfície de Marte (créditos pexels)

Por exemplo, robôs interagindo com o ambiente para atingir os seus objetivos, sair de um ponto de uma sala e chegar até um próximo, ou, de um quarto para outro cômodo.

SEÇÃO 4 – CONCEITUANDO REDES NEURAIS

Conceituando Redes Neurais e Deep Learning

Um dos Modelos Analíticos mais interessantes para ML, utiliza uma técnica computacional chamada de "Redes Neurais" que imitam a maneira que o cérebro humano funciona, e está sendo utilizada em áreas como a dos veículos autônomos, viagens espaciais e jogos para computadores.

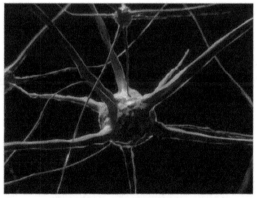

figura - Redes Neurais (créditos pixabay)

Redes Neurais Artificiais (RNA) são modelos computacionais que tomam por base as redes neurais biológicas associadas ao processamento paralelo do cérebro humano.

Deep Learning ou Aprendizagem Profunda, é uma área de rápido crescimento na pesquisa de ML, que tem alcançado avanços no reconhecimento de voz, texto e imagens.

figura - Drive.ai é uma startup de veículos autônomos que utiliza Deep Learning (créditos <u>drive.ai</u>)

Ela se baseia em adotar as técnicas de Redes Neurais, permitindo que um computador aprenda tarefas, organize informações e encontre padrões.

Os tipos de aplicações são imensos como na área de saúde, assistentes pessoais, traduções feitas por máquinas, reconhecimento de escrita, reconhecimento de imagem, drones, previsão de terremotos, detecção de câncer, finanças e energia, veículos autônomos por exemplo.

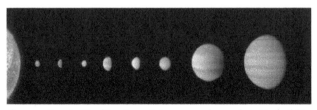

figura - Uso de Machine Learning para explorar planetas (créditos <u>NASA</u>) O recém-descoberto Kepler-90i - um planeta rochoso e quente que orbita sua estrela uma vez a cada 14,4 dias - foi encontrado utilizando Aprendizado de Máquina.

Seção 5 – Plataformas de Desenvolvimento

Muitas são as plataformas de ML além de bibliotecas, aplicações e kits de ferramentas para projetos.

figura - Plataformas de Desenvolvimento (créditos pixabay)

Relacionamos a seguir algumas delas:

1 - Python - se tornou uma linguagem muito utilizada para o desenvolvimento de ML, com os pacotes de scikit-learn, pandas e numpy.

2 - Para Java temos a JSAT, e para a plataforma .NET da Microsoft temos a Accord.

3 - WEKA Machine Learning Workbench é uma plataforma ótima para iniciantes que utiliza uma interface gráfica para o desenvolvimento das aplicações. Pode ser chamada em Java. Possui um conjunto de algoritmos para ML para as tarefas de mineração de dados.

4 - R também possui bibliotecas para desenvolvimento de ML, como Caret para algoritmos de regressão e classificação.

4 - Julia é uma nova linguagem de programação orientada para o desenvolvimento de aplicações que fazem uso intenso de computação paralela (paralelismo), e análise numérica de alto desempenho, o que a torna apropriada para ML. Algumas ferramentas e bibliotecas para uso com a linguagem são: MLBase.jl, Flux.jl, Knet.jl, TensorFlow.jl and MXNet.jl.

5 - Tensorflow - Framework desenvolvida pela Google Brain Team, que está sendo extensivamente utilizada para aplicações que utilizam as técnicas de redes neurais (deep learning) e aprendizado de máquina.

6 - Amazon ML - é um serviço robusto baseado em nuvem que facilita para desenvolvedores de todos os níveis o uso das tecnologias de aprendizado de máquina.

7 - Apache Mahout - Foi desenvolvido para dar suporte ao uso de algoritmos de clustering, classificação, colaboração, bastante utilizados em Aprendizado de Máquina.

8 - Apache SINGA é uma plataforma de deep learning distribuída para treinamento de grandes modelos de ML em grandes conjuntos de dados.

9 - DataRobot - É uma plataforma visual e automática de ML com uma interface de fácil uso permitindo que Analistas de Negócios e outros profissionais de dados rapidamente construam modelos preditivos e implementem ML em seus negócios.

10 - Apache Spark MLIB para Spark é uma biblioteca para Machine Learning para o desenvolvimento em ambiente Spark implementado pela Databricks.

11 - Caffee - Framework para ML, que utiliza classificação de imagens em redes neurais, com o objetivo de atender projetos que utilizam visão computacional como as utilizadas em veículos autônomos.

12 - Microsoft Cognitive Toolkit (CNTK) é um kit de ferramentas de código aberto para aprendizado profundo (deep learning).

13 - Microsoft Azure Machine Learning é uma plataforma intuitiva para desenvolvimento de Machine Learning utilizando o navegador web e sem escrever códigos.

14 - Apache PredicitonIO é um servidor de Machine Learning construído com software livre de última geração orientado para desenvolvedores e Cientistas de Dados criarem mecanismos preditivos para qualquer tipo de tarefa a ser implementada em Aprendizado de Máquina.

15 - Plataformas visuais para ML - Algumas plataformas permitem o desenvolvimento de ML de forma mais visual. Entre elas temos a KNIME, RapidMiner e Orange.

Seção 6 – Preocupações com ML e AI

À medida que ML se torna popular, se percebe que muitos processos realizados por humanos poderão vir a ser substituídos por esta tecnologia em um curto período de tempo, diminuindo os custos de investimentos em RH.

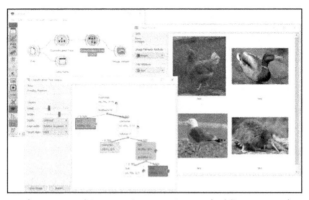

figura - Machine Learning com Orange (créditos Orange)

SEÇÃO 6 – PREOCUPAÇÕES COM ML E AI

Isso tem gerado preocupações para governos, sindicatos, empresas e profissionais de mercado que podem ter os seus empregos substituídos por aplicações de ML.

Inteligência Artificial e Machine Learning

O termo Inteligência Artificial (Artificial Intelligence - AI) surgiu em 1956 em uma conferência, e tem feito parte de nossa imaginação desde então através de filmes, artigos e avanços tecnológicos.

O objetivo de AI era fazer com que os computadores tivessem as mesmas características da inteligência humana, e por isto foi chamada de "artificial".

Por várias décadas, AI não cumpriu as promessas.

figura - Inteligência Artificial (créditos pixabay)

Quando o AlphaGo da empresa DeepMind (Google) derrotou o mestre sul-coreano Lee Se-dol no jogo de tabuleiro Go, os termos AI, ML e Deep Learning foram utilizados de forma misturada, para descrever como a DeepMind venceu.

Algumas vezes uma determinada aplicação de ML acaba sendo chamada pela imprensa de AI, e uma de Deep Learning de ML, enfim, uma confusão no uso dos termos.

AlphGo é uma aplicação de ML que utiliza algoritmos de Deep Learning.

Importância de AI

AI é a última fronteira, que ainda está em curso, mas ML e DL são realidades, que trazem esperança para o futuro de Big Data e Data Science, como as tecnologias que estão tornando realidade o sonho de contar com computadores mais inteligentes e prestativos para a realização das atividades complementares às do ser humano.

A importância de AI é tanta que Andrew Ng cunhou a frase que bem reflete esta importância: "AI is the new electricity" (Inteligência Artificial é a nova eletricidade".

Os receios relativos ao futuro de AI e suas aplicações levaram alguns nomes famosos do Vale do Silício, tais como Sam Altman, Greg Brockman, Reid Hoffman, Jessica Livingston, Elon Musk e Peter Thiel, a criar uma empresa de AI chamada de OPEN.AI, cujo objetivo principal é pesquisar, avaliar, identificar e publicar sobre as possibilidades da tecnologia, que possam estabelecer limites seguros de seu uso sem comprometer futuramente a humanidade.

SEÇÃO 7 – BIG DATA + DATA SCIENCE + ML

Big Data trata grandes volumes de dados, de diferentes tipos e formatos (estruturados, não estruturados) com objetivo de gerar "insights" que servirão para decisões estratégicas nas empresa

Data Science é a prática científica de coletar, organizar e otimizar este grande volume de dados, aplicando conhecimentos de matemática, estatísticas e computação, para construir **Modelos Analíticos** com capacidade para transformar as empresas.

Modelos Analíticos são implementados utilizando Algoritmos de Machine Learning, e buscam identificar padrões, aprender com os dados. Quanto mais dados (Big Data) para testar os modelos, melhor será o resultado.

As empresas que conseguem utilizar Big Data, Data Science e ML, estão dominando o mercado, a partir do que chamamos de "Análise Preditiva" ou "Predictive Analytics", onde o objetivo é prever o futuro, antecipar de forma probabilística os possíveis resultados empresariais.

A adoção destas tecnologias será cada dia mais intensa.

Provavelmente vamos assistir à morte de muitas empresas conhecidas e o nascimento de outras que conseguirem seguir a tendência de prever o futuro (Predictive Analytics).

Capítulo 14. Introdução a Visualização de Dados

"Data Visualization" se tornou uma área fascinante na era de Big Data, com o desafio de representar visualmente dados em grandes volumes.

O trabalho final de um Cientista de Dados, é o de mostrar os resultados dos trabalhos de análise, modelos estatísticos utilizados, algoritmos computacionais, história que os dados querem contar, profecias e previsões que acontecerão.

Para isso, implementa técnicas de visualização de dados, que são formas interativas e visuais para representar as informações em um formato mais humano, mais atraente e visual.

O que é Data Visualization? ou Information Visualization?

De uma maneira simples, podemos dizer que são formas de representar os dados, utilizando a combinação de imagens, figuras, gráficos, cores, sons, elementos gráficos e visuais.

É a forma mais expressiva de conexão entre os computadores e seres humanos facilitando o entendimento da informação de uma maneira visual e representativa.

Visualização não apenas trata de apresentar os dados de forma atraente, mas também interpretá-los, entende-los para dar suporte à tomada de decisões.

Visualização de Dados precede a era de Big Data, e ganhou escala no mundo dos negócios com Business Intelligence (BI), e recentemente, com o crescimento da área de Análise e Ciência de Dados.

Diferentes tipos de gráficos, layouts, painéis analíticos, grafos, software especializados, linguagens de programação, bibliotecas gráficas, e muito mais surgiram para dar um enorme significado para a Visualização dos Dados na era do Big Data.

SEÇÃO 1 – CIÊNCIA DE DADOS E VISUALIZAÇÃO

Data Science é um processo composto por etapas, e a **Visualização dos Dados**, está integrada em boa parte delas, em especial na fase final, para explicar os resultados, justificar os insights, comprovar as hipóteses e convencer os stakeholders (interessados) de que os investimentos em Big Data trarão retorno para a empresa.

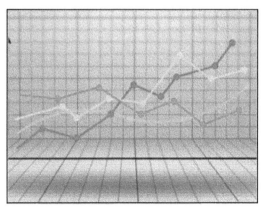

figura - Visualização de Dados (créditos pixabay)

149

Em resumo, o processo de Ciência de Dados é composto de três estágios:

1 - Engenharia de Dados ou EDA (Exploratory Data Analysis)

Envolve o processo de coleta, limpeza, preparação, estruturação, normalização, exploração e representação dos dados para obter algum significado sobre eles. Pode-se pensar nas perguntas iniciais, nas que surgirão, nas hipóteses, outliers (dados fora da curva), validade, privacidade, enfim, prováveis descobertas que serão feitas sobre os dados.

2 - Modelagem dos Dados

Envolve o processo de descoberta das possibilidades sobre a análise dos dados, aprendizagem, criação dos modelos estatísticos, matemáticos e computacionais para validar os insights e obter respostas sobre os dados, além de uma definição da solução algorítmica a ser implementada.

3 - Destilação final dos Dados

Envolve o processo de refinamento final, entrega de uma solução de Big Data com a criação do produto derivado do dado (data-driven), conclusão sobre os insights, e prováveis definições e uso desta solução para o cliente e o mercado.

O uso da **Visualização dos Dados**, nesta etapa, é essencial, para explicar aos Stakeholders que os investimentos em Big Data foram importantes, e as descobertas sobre os dados são de grande valia.

A **Visualização dos Dados**, pode ser utilizada em todos os estágios de Data Science, desde a inicial, na Análise Exploratória dos Dados (EDA), para "brincar" visualmente com os dados, identificando se existe alguma correlação entre as variáveis.

Em seguida, pode ser associada a algoritmos e códigos que gerem informações visuais, tanto para levantamento de novas hipóteses quanto para validação das existentes.

O seu uso mais sedutor, está fase final, onde o Data Scientist e sua equipe produzem uma apresentação sobre as descobertas, objetivando convencer os stakeholders, CEOs, gerentes, diretores, investidores, enfim, todos os que de uma forma ou de outra esperam algum resultado de Big Data.

Por esta razão, a capacidade de comunicação e convencimento, é uma das habilidades mais importantes de um Data Scientist.

figura - Visualização de Dados (créditos pixabay)

Se ao final, ninguém ficar seduzido pelo resultado do trabalho, foram perdidos tempo e dinheiro e pouco se aproveitou dos resultados de Big Data.

A apresentação final de um trabalho de Big Data, é o momento da verdade, e, portanto deve ser:

1. Simples e objetiva.
2. Com elementos gráficos entendiveis.
3. Dinâmica permitindo troca de dados e alterações gráficas.
4. Com painéis (dashboards) interativos.
5. Capaz de utilizar gráficos apropriados, bem escolhidos para representar o tipo de informação a ser visualizada.
6. Capaz de responder perguntas sobre os dados e as hipóteses levantadas.

Um bom Data Scientist sabe que:

1. A visualização de dados não substitui um bom modelo ou método de análise, mas tem papel importante no suporte ao processo de Ciência de Dados.
2. A visualização de dados pode ser bastante útil na etapa de exploração de dados e mais ainda na apresentação final do projeto aos stakeholders.
3. Os dados visuais a serem criados, dependem das variáveis utilizadas e da ênfase dada em cada uma delas.
4. Existem várias bibliotecas gráficas para a geração de gráficos associadas às ferramentas utilizadas para a visualização.
5. Gráficos avançados são algumas vezes úteis, mas não inteiramente necessários para Data Science.

152

6. Um modelo ruim de análise não consegue se sustentar mesmo utilizando as melhores ferramentas gráficas do mundo.

A Universidade da Califórnia Davis oferece via Coursera, uma especialização de visualização de dados com Tableau bastante interessante, pois além do aprendizado da ferramenta, são tratadas as principais técnicas empregadas, uso de cores, tipos de gráficos, e um conjunto completo de bons princípios e bom senso no desenvolvimento e apresentação de projetos de Data Science.

Para saber mais utilize o link Data Visualization with Tableau Specialization.

SEÇÃO 2 – FERRAMENTAS DE VISUALIZAÇÃO

"Data Visualization" permite a interação com os dados, dando vida e significado à análise de dados, e mantendo os usuários interessados pela informação.

No entanto, é preciso utilizar boas ferramentas de visualização de dados, saber transformar em vantagens os insights e informações práticas geradas a partir de Big Data para gerar melhores experiências para os clientes.

A visualização de dados, aqui considerada como "Visual Analytics", pode ser gerada a partir de ferramentas de mais alto nível, como Tableau, ou ferramentas de programação como R, Python que trazem bibliotecas prontas para esta atividade.

figura - Visualização de Dados (créditos pixabay)

Vamos conhecer algumas destas ferramentas:

1 - Tableau

Tableau é um dos softwares líderes do mercado, permitindo a criação de diversos tipos de gráficos, tabelas, dashboards, histórias, mapas entre outros elementos, sem necessidade de programação.

Inclui diversas funções de estatística descritiva e inferencial com geração de gráficos analíticos. Facilita a integração com outras ferramentas como Excel, SQL, SAP, Amazon, entre outras.

Outras alternativas ao Tableau, são o Qlik e o Chartio, que permitem a análise intuitiva de dados, sem utilizar processos de programação.

2 - R

R é uma linguagem de programação para estatística, totalmente gratuita, excelente para criar modelos analíticos e representá-los de forma gráfica.

RStudio é a melhor plataforma para desenvolvimento em R, e documentação dos projetos desenvolvidos. Ggplot2 é o principal pacote para geração de gráficos em R. Os pacotes Shiny e RStudio Connect facilitam a documentação e publicação dos resultados.

3 - Python

Python, é uma linguagem de programação, que possui inúmeras bibliotecas para visualização de dados, como Matplotlib, Seaborn, Ggplot (originada de R) e Bokeh (parecida com Tableau com elementos interativos e zoom).

figura - Visualização de Dados (créditos pexels)

4 - Plot.ly

Plot.ly é uma forma de compartilhamento de códigos e gráficos online, de forma que usuários participantes se beneficiem.

Todos os gráficos criados se tornam disponíveis para uso pela comunidade, o que enriquece e facilita o desenvolvimento.

Um ponto forte é o apelo visual dos gráficos bem desenhados e com geração em alta resolução.

Apesar de otimizada para Python, Plot.ly fornece também bibliotecas em R, Shiny e Javascript com geração de painéis para serem distribuídos interativamente.

5 - D3.js

D3.js é uma biblioteca em Javascript, gratuita e pronta para uso com um grande número de gráficos prontos e interativos que podem ser personalizados para uso em navegadores Web.

É importante conhecer programação em Javascript para utilizar D3.js, que faz uso amplamente de SVG (vetores gráficos), HTML5 e CSS.

6 - Neo4j

Neo4j é um banco de dados NoSQL gráfico open-source implementado em Java e Scala. A maior vertente do Neo4j é a utilização de algoritmos grafos, aplicados à ciência de dados, para a construção de bases de dados voltadas para modelos preditivos e de recomendação.

Neo4j é usado por centenas de milhares de empresas e organizações em quase todas as indústrias e é líder de mercado entre os bancos de dados orientados a grafos.

Casos de uso incluem gerenciamento de rede, software de análise, investigação científica, roteamento, gestão organizacional e de projeto, recomendações, redes sociais e muito mais.

7- Google Charts

Com o Google Charts você pode criar gráficos interativos em uma interface muito amigável. Com uma galeria, o usuário pode visualizar os modelos e configurações disponíveis. Essa ferramenta roda em HTML5 e SVG (vetores gráficos) e oferece compatibilidade com iOS, Android e diversos navegadores, além de acesso para R e Python.

8 - Gephi

Gephi, é uma ferramenta para manipulação de grafos, software livre, colaborativa e mantida por um consórcio sediado na França.

Com geração de grafos matemáticos, é aplicado em diversas áreas (biologia, economia, física, matemática, imobiliário, espaciais) e encontrou forte adesão na área de redes sociais, como no Twitter e Facebook para análise de relacionamentos entre amigos, grupos, e análise textual.

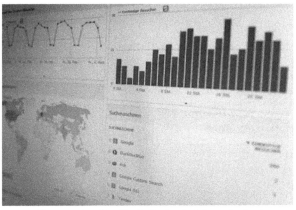

figura - Visualização de Dados (créditos pixabay)

9 - Outras ferramentas

Diversas outras ferramentas e bibliotecas são utilizadas para a geração de gráficos, tais como: SAP Lumira, Microsoft Excel, ClearStory, Einstein Analytics da SalesForce, Wolfram Mathematica, MATLAB, MatPlotLib, Infogram, RAW, Timeline.JS entre outras.

A escolha da ferramenta, depende em grande circunstância, do tipo de projeto a ser desenvolvido, e também dos tipos de software utilizados pelas equipes de Data Science.

10 - Sites online de Visualização de Dados

A Exemplo de Plot.ly e RAW, citados anteriormente, tem surgido vários serviços online para dar suporte à visualização de dados para projetos de Data Science e Big Data.

Seguem alguns que podem ser úteis em seus futuros projetos.

1. DataHero
2. Number Picture
3. Juice Analytics
4. Weave
5. Datavisual
6. Zoomdata
7. Datawrapper

11 - Geração de Gráficos com Análises prontas

Em alguns casos para pesquisa e entendimento do uso de gráficos em Big Data podemos recorrer ao que chamamos de Fontes ou Recursos de Dados com geração de gráficos.

Seguem 3 sites muito interessantes e especiais para esta atividade, onde se encontram dados, análises e gráficos gerados a partir deles.

1. Google Public Data
2. World Bank Open Data
3. Our World in Data (University of Oxford)

SEÇÃO 3 – VISUALIZAÇÃO DE DADOS COMO ARTE

Aumentou a procura de Analistas de Dados especializados em Data Visualization para trabalhar em equipes de Big Data, e surgiram novas carreiras como: Desenvolvedor de Visualização de Dados, Especialista em Visualização de Dados, Jornalista de Visualização de Dados, Consultor, entre outras.

As razões são de fato o cuidado especial que se deve ter para representar as informações na forma visual, para entendimento por pessoas leigas, e também na importância do convencimento dos Stakeholders dos investimentos em Big Data.

Contar histórias sobre os dados, passou a ser uma profissão valorizada, e uma das raras habilidades necessárias ao Data Scientist.

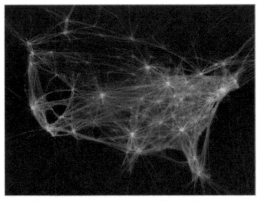

figura - Tráfego aero de um dia nos USA (créditos Aaron Koblin's)

A visualização de dados, por sua vez, passou a ser considerada uma área que envolve Ciência e Arte.

Como Ciência, com todas as ferramentas técnicas e metodologias de Data Science, disponíveis para a análise, e, como arte, com design refinado, gráficos bem elaborados, cores, organização, estética, enfim, atributos considerados mais artísticos do que técnicos, e que proporcionam uma experiência visual mais agradável e altera a percepção do usuário.

figura - Arte de Computador de 1962 (créditos Desmond Paul Henry)

A chamada "Data Art", vem crescendo em várias áreas como as de Business Intelligence, Big Data e Data Science, e precisa de profissionais dedicados, provenientes de áreas de design e com experiência em Análise de Dados. Prepare-se para ver mais arte nos projetos de Big Data.

figura - Onathan e Sepandar, mapearam a Internet coletando frases começando com "I feel (eu sinto)" ou "I am felling (eu estou sentindo)". Quase 10 milhões de sentimentos foram coletados em mais dois milhões de blogs. (créditos Onathan e Sepandar http://wefeelfine.org)

CAPÍTULO 15. CARREIRAS EM BIG DATA

Uma variedade de novas profissões e carreiras surgiram nos últimos anos, orientadas para Big Data, Data Science e Analytics, tornando este mercado atraente profissionalmente.

Surgiram papéis interdisciplinares, que geraram novas faixas de carreiras, e este processo continua em função da exponencialidade das tecnologias.

Citizen Data Scientist e Data Translators são duas novas carreiras que vamos apresentar aqui.

É de se admirar, que tenhamos sempre novidades, novas ferramentas de gerenciamento de dados, que acabam por alterar as carreiras, melhorando o mercado de trabalho e as formas de contratação.

A carreira mais abrangente em Big Data é a do Cientista de Dados (Data Scientist) como vimos anteriormente.

Algumas carreiras para Big Data, Data Science e Analytics são:

1. Business Analytics
2. Business Data Analytics
3. Business Intelligence Analyst
4. Data Analyst
5. Big Data Analyst
6. Data Science Manager
7. Data Engineer
8. Software Engineer

9. Big Data Engineer & Development
10. Big Data Architect
11. Big Data Administrator

Seção 1 – Principais Carreiras em Big Data

1 - Business Analytics (Analista de Negócios)

O título Analista de Negócios é usado como rótulo para uma ampla gama de empregos. É responsável por avaliar documentos, planos de negócios, processos e sistemas empresariais, para identificar melhorias que podem ser feitas.

O Analista de Negócios procura identificar o que chamamos de KPI (Key Performance Indicator) ou "Indicador de Desempenho ou Indicador-chave de desempenho", que são métricas de sucesso, iniciativas, ou o quanto efetivamente a empresa está atingindo os seus objetivos de negócios, metas, e sucesso.

figura - Carreiras em Dados (créditos pixabay)

As principais competências e habilidades são: identificar métricas críticas do negócio, encontrar e aplicar modelos apropriados para cada métrica, avaliar a eficácia dos modelos usados, entrevistar clientes para definir requisitos do projeto, importar conjunto de dados utilizando Excel, realizar análises e exibir resultados gráficos, ter habilidades efetivas de comunicação verbal e escrita.

2 - Business Data Analytics (Analista de Dados do Negócio)

É o Analista de Negócios que utiliza as tecnologias de Big Data para identificação, análise e definição das KPI's.

As novas habilidades são a capacidade para combinar dados empresariais em grandes volumes, conhecimentos técnicos de para pesquisas SQL, recombinação dos dados, mineração de dados com ferramentas gráficas de alto nível, identificação de novas KPIs a partir de soluções de análise de dados.

3 - Business Intelligence Analyst (Analista de BI)

BI é um termo abrangente, que incluem aplicativos, infraestrutura, ferramentas, metodologias e melhores práticas, para analisar, reportar, gerenciar e fornecer informações relevantes sobre o negócio, melhorando e otimizando as decisões de desempenho. Incluem dashboards (painéis) visuais e relatórios semelhantes aos encontrados na área de Analytics.

A diferença entre Data Analytics e BI, é que Analytics se vale da análise de dados estatísticos e matemáticos que prevê resultados futuros, enquanto BI analisa dados históricos para fornecer informações sobre as tendências.

As principais habilidades são: forte capacidade analítica para avaliar grandes conjuntos de dados, visualizar conexões e significado dos dados, saber utilizar software de apoio oferecidos para Analytics.

Conhecer programação de Banco de Dados SQL, utilizados em aplicações de BI.

Ter bom conhecimento da área que atua, tendências, números, que lhe permita entender melhor os dados a serem analisados.

Boa capacidade de solução de problemas e excelente comunicação para descrever os dados, explicar a análise e oferecer possíveis alternativas, descrevendo soluções técnicas em uma linguagem acessível.

4 - Data Analyst (Analista de Dados)

O Analista de Dados coleta, limpa, manipula, processa e analisa dados. Prepara relatórios incluindo gráficos, painéis e outras visualizações. Tem conhecimentos tecnológicos consideráveis e conhecimentos profundos da indústria que atua, operacionalizando Big Data dentro de funções e processos específicos, com foco claro em tendências de desempenho.

Atuam diretamente com executivos e decisores na preparação de relatórios analíticos para tomada de decisões.

As principais habilidades são: ter potencial analítico, capacidade de reunir, visualizar e analisar os dados em detalhes, abordar problemas e tomar decisões apropriadas. Possuir boas habilidades em matemática e estatística.

As habilidades tecnológicas, são muito importantes, estando familiarizado com softwares e ferramentas de computador, incluindo: Linguagens de Script (Matlab e Pyhon), Linguagens de Consulta (SQL, Hive, PIG), Linguagens Estatísticas (SAS, R), Programação (Javascript, XML).

Ter boa familiaridade com Data Warehouse, conceitos de ETL, para transformar diferentes fontes de dados, e conhecimentos práticos em armazenamento de dados e ferramentas relacionadas.

5 - Big Data Analyst (Analista de Big Data)

O Analista de Big Data é um Analista de Dados atuando diretamente com análise de Big Data, análise de dados avançada, envolvendo modelos preditivos, algoritmos estatísticos e análises de alto desempenho.

É necessário estar familiarizado com os conceitos de BI, conhecimentos de SQL, armazéns de dados e análise de dados.

Conhecer Hadoop e seu Ecossistema, principalmente as ferramentas de pesquisa e análise de dados como o Spark, Hive e SQL. Estatística e Álgebra Linear são importantes, bem como conhecimento da área de negócios que atua.

figura - Carreira em Analytics (créditos pixabay)

6 - Data Science Manager (Gerente de Ciência de Dados)

Responsável por estruturar e gerenciar equipes em projetos de Data Science, ou Big Data. Responde pela identificação e recrutamento de Engenheiros e Cientistas de Dados e outros profissionais. Tem a responsabilidade de garantir que as pessoas interajam dentro de uma equipe de dados e para tanto devem ter boas habilidades de comunicação.

Deve conhecer bem a infraestrutura de hardware e software e também sobre o projeto em desenvolvimento, as possíveis soluções e algoritmos que serão utilizados.

Deve trazer boa experiência de projetos, acompanhar cronogramas, identificar se o projeto vai ser finalizado nos prazos, e se reportar aos Executivos da empresa.

Deve ser educado e amigável, mas implacável com as metas e os resultados. Deve manter os processos de execução organizados, motivar as pessoas, resolver os problemas e manter a equipe com foco nos resultados.

7 - Data Engineer (Engenheiro de Dados)

É considerado um dos principais membros de uma equipe de Big Data. Deve criar toda a infraestrutura para Big Data, envolvendo Hardware e Software. Quais os bancos de dados vão ser utilizados? Qual a plataforma? Quantos servidores e com que capacidade? Qual tecnologia de nuvem será utilizada? Como será a ingestão de dados? Quais ferramentas de produção serão utilizadas?

Provêm da área da Ciência de Computação, e deve ter uma boa experiência com projetos de Data Science.

Deve implementar algoritmos de Machine Learning, ter conhecimento de Hadoop e tecnologias associadas. Deve ser capaz de trabalhar os dados brutos, organiza-los, para posterior análise.

Preparar os dados envolve coletar, movê-los e armazená-los, pode-se utilizar processos ETL, integrar diferentes tipos de dados, garantir a segurança e disponibilidade, criar repositórios de dados, disponibilizar acesso para a equipe de Data Science.

Deve manter atualizada a infraestrutura com os dados para testes e análises e trabalhar de forma colaborativa com o Data Scientist além de ter boa comunicação.

8 - Software Engineer (Engenheiro de Software)

Engenharia de software é uma área da Ciência da Computação, voltada à especificação, desenvolvimento, manutenção e criação de software. O Engenheiro de Software é o desenvolvedor, especializado em linguagens de programação, banco de dados, metodologias, processos e gerenciamento de projetos, que desenham e desenvolvem software. As linguagens de programação mais utilizadas são C, C++, Java e Python.

9 - Big Data Engineer & Development (Engenheiro de Desenvolvimento para Big Data)

São desenvolvedores, engenheiros de software, que projetam, codificam, programam e criam aplicativos para Big Data.

Estes profissionais se especializaram em trabalhar com a plataforma Hadoop, em uma de suas derivações, como a Cloudera, Hortonworks ou MapR, que são os distribuidores mundiais de Hadoop.

Deve ter conhecimento de Spark da Databricks e especialização em ferramentas como SparkSQL, Spark Streaming, Spark MLib para Aprendizado de Máquina, GraphX, Spark R, Python, Spark Scala.

É preciso também ter conhecimento sobre as técnicas de análise de negócios e bom conhecimento de tecnologia de nuvem.

10 - Big Data architect (Arquiteto de Big Data)

Os Arquitetos de Big Data fazem todo o planejamento de dados, além de buscá-los onde quer que estejam, e coordenam todos os recursos de dados de uma organização.

Sabem identificar e entendem os processos de geração de dados, segurança e direitos autorais.

Eles misturam experiência, habilidades e conhecimento sobre sistemas de dados com exposição aos processos de gerenciamento e análise de dados para ajudar a construir a infra-estrutura necessária para agrupamento, segregação, distribuição, mobilidade e transferência de dados entre os interessados.

Atendem diretamente aos Cientistas de Dados nas solicitações dos tipos de dados, e organizam os dados de treinamento e testes para Machine Learning.

11 - Big Data Administrator (Administrador de Big Data)

Para Hadoop e seu ecossistema, surgiram os chamados Administradores de Big Data, responsáveis por manter tecnicamente estas plataformas atualizadas e em funcionamento, fornecendo acesso aos dados para os demais membros da equipe de Big Data.

Eles misturam conhecimento, experiência e habilidades na administração de clusters com Hadoop, segurança, planejamento de rede com exposição aos processos de gerenciamento de dados, mobilidade e transferência de dados para garantir que continuem alcançando os pontos desejados sem interrupção, contaminação e risco

SEÇÃO 2 – CIENTISTA DE DADOS

É hoje uma das profissões mais interessantes e lucrativas do mundo.

A explosão de Big Data criou a necessidade de Cientistas de Dados, profissionais com capacidade para coletar dados de diferentes fontes, processar, analisar e apresentar as informações ou insights gerados a partir do entendimento dos dados avaliados.

Os Cientistas de Dados são profissionais originários de diferentes áreas, com diferentes backgrounds envolvendo estatísticos, físicos, matemáticos, especialistas em aprendizado de máquina, engenheiros de software, analista de dados, tecnólogos, gerentes de tecnologia ou de banco de dados, programadores, etc.

figura - Cientista de Dados (créditos pixabay)

Independente da área, os Data Scientist em geral possuem inúmeras competências e habilidades, que alguns acreditam seja necessária uma vida inteira para adquiri-las.

Em geral, estas habilidades são classificadas em 4 níveis descritos a seguir:

1 - Habilidades Analíticas

Relativas à Análise de Dados. Conhecimentos profundos de Ciência de Dados e suas derivações. Capacidade de gerar insights. Capacidade de lidar com problemas e muito interesse em resolve-los.

2 - Programação de Computadores

Aqui consideramos conhecimento de linguagens e dos métodos e técnicas de programação além de conhecimento de ambiente Hadoop. Conhecimentos de Ciência de Computação e tecnologias modernas associadas neste campo, como Data Mining e Machine Learning por exemplo.

3 - Matemática e Estatística

Para o desenvolvimento de modelos analíticos, processo de identificar quais dados e métodos serão necessários para resolver um problema. Ter conhecimento do método científico como base para atacar os problemas e encontrar modelos matemáticos e estatísticos para resolve-los.

4 - Comunicação e Apresentação

Apresentar de uma forma clara, concisa e convincente o resultado dos insights de dados, e possíveis ações a serem tomadas a partir deles.

É possível entender o Data Scientist, a partir de uma visão mais holística, mais abrangente.

Para isso, Drew Convey um cientista social, elaborou um Diagrama de Venn (conforme figura) com a intersecção das habilidades que melhor definem um Data Scientist.

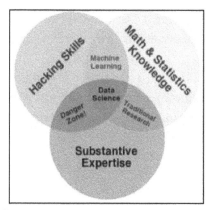

figura - Diagrama de Convey (créditos <u>Convey</u>)

Vamos descreve-las conforme o Diagrama de Convey.

1 - Data Science - A Ciência de Dados tem uma natureza multidisciplinar, e requer uma intersecção de habilidades no campo da ciência. Está bem no centro do nosso diagrama, agregando os conhecimentos para a formação do Data Scientist.

2 - Math & Statistics - Conhecimentos de Matemática e Estatística. Uma vez que os dados foram adquiridos, limpos e organizados, os próximos passos seria extrair "insights" dos mesmos, utilizando conhecimentos destas áreas para a geração de modelos analíticos.

3 - Hacking Skills - Habilidades de Hacking. A palavra "hacking" aqui não deve ser pensada como atividades de hackers, piratas, mas sim no sentido, de estar sintonizada com pensamentos algorítmicos, manipulação de dados, criação de software, curiosidades sobre funcionamento de sistemas, aprendizado de novas ferramentas e habilidades de Programação de Computadores.

4 - Substantive Expertise - Ciência é sobre a descoberta e construção de conhecimento, que requer algumas questões motivadoras sobre o mundo e hipóteses que podem ser trazidas para os dados e testadas com métodos estatísticos. Primeiro vem a pergunta e depois os dados. Podemos considerar aqui o que conhecemos como "Intuição" o sexto sentido do ser humano. (perícia, respostas claras, sabedoria).

5 - Traditional Research - Pesquisa Tradicional - É a pesquisa experimental ou quantitativa, um processo sistemático que exige aplicação do método científico padrão. Pesquisadores de alto nível em empresas ou mesmo nas universidades procuram desenvolver experiência nesta área.

6 - Machine Learning (ML) - Aprendizado de Máquina - É parte da Ciência da Computação, e as aplicações de ML permitem que computadores identifiquem padrões, e tomem decisões baseados em dados, aprendendo ao longo do tempo.

Machine Learning tem estado no centro de muitos avanços tecnológicos nos últimos anos, como carros autônomos, visão computacional e sistemas de reconhecimento de voz.

7 - Danger Zone - Zona de Perigo - O Data Scientist trabalha com Análise de Dados, Insights, e apesar de todo o conhecimento que possui, pode se enganar, criar uma análise incorreta, que apesar de afirmar ser legítima, não tem a total compreensão de como chegou lá.

É a parte mais complicada do diagrama, e tem a ver com a verdade, ética, correção, métodos rigorosos, visão correta da profundidade do que foi investigado.

É famoso, em 2008 o lançamento do GFT (Google Flu Trends), site da Google que fornecia estatísticas de gripe, baseado nos cliques de pessoas que estavam doentes, com gripe e que buscam na Internet informações relacionadas à doença, e remédios relacionados à gripe.

Ao capturar todas estes cliques, navegação por páginas relacionadas ao tema, entre outras informações obtidas, acreditava-se que GFT poderia fornecer estimativas precisas da prevalência da gripe, o que gerou uma expectativa enorme pelo baixo custo na obtenção da informação.

Posteriormente, quando confrontado com os dados reais, o algoritmo se mostrou muito fora dos acertos e com erros grosseiros em mais de 130%.

Os modelistas da Google receberam críticas pesadas dos órgãos científicos que chamaram a tentativa de "Armadilhas em Análise de Big Data". O modelo foi ajustado, mas ainda se mantém impreciso, mas tem servido de inspiração para diversos outros projetos neste contexto.

Dezenas de outros diagramas derivados de Convey, surgiram para explicar as habilidades de um Data Scientist.

Faça uma pesquisa de imagens no Google com a frase "Diagrama para Data Scientist" e verá alguns deles.

Clique neste <u>LINK</u> para ver uma página web com um infográfico interessante sobre Data Scientist.

SEÇÃO 3 – CITIZEN DATA SCIENTIST

figura ilustrativa - Citizen Data Scientist (créditos <u>pixabay</u>)

Citizen Data Scientist (Cientista de Dados Cidadão) é uma nova profissão na área de Big Data, sujeita a controvérsias.

O termo foi cunhado pelo <u>Gartner</u>, que considerou:

- Que não existe tempo hábil para formar Cientistas de Dados para atender o mercado em função de seu rápido crescimento.

- Mais de 40% das tarefas de Ciência de Dados deverão ser automatizadas nos próximos anos, permitindo análise de dados por pessoas não tão experimentadas, não tão especialistas quanto os Cientistas de Dados.

- O aumento da automação das tarefas de Big Data devem diminuir a necessidade de Data Scientists para tarefas repetitivas, e aumentar a produtividade dos usuários designados como Citizen Data Scientists.

*   Os Cientistas de Dados ficarão com os projetos mais avançados e utilizarão melhor o seu tempo e as suas competências.

O Gartner define um "Citizen Data Scientist" como um profissional que cria ou gera modelos de análise de diagnóstico preditivos e prescritivos, mas cuja função principal de trabalho está fora dos campos mais profundos da Estatística e da Análise de Dados.

figura - Citizen Data Scientist (créditos pixabay)

Eles podem preencher a lacuna entre a análise do atendimento por usuários de negócios e as técnicas de análise avançada dos Cientistas de Dados. Com tempo e ganho de experiência, poderiam realizar análises sofisticadas sem ter as habilidades que caracterizam os Cientistas de Dados.

O Gartner prevê que os Citizen Data Scientists, ultrapassarão os Data Scientists na quantidade de análises produzidas.

As análises produzidas por eles alimentarão e impactarão os negócios, criando um ambiente de informação mais difundido, ao mesmo tempo apoiando os Cientistas de Dados que podem mudar seu foco para análises mais complexas.

Os críticos não gostam do nome "Citizen" e imaginam que colocar pessoas sem preparo real para trabalhar com Ciência de Dados, algo vital para a sobrevivência da empresa, pode ser temeroso.

Entendem ainda que seria uma forma das empresas gastarem menos em salários, substituindo os atuais Cientistas de Dados.

O tempo vai dizer, se de fato, surgirá esta nova profissão, intermediária, embolada entre as outras tantas que tem surgido nesta nova era de Big Data.

SEÇÃO 4 – ANALYTICS TRANSLATOR

Cientista de Dados desenvolvem modelos analíticos, transformando dados em insights. Equipes de TI, engenheiros e arquitetos de dados, especialistas em visualização de dados, entre outros, fornecem suporte ao Cientista de Dados.

Comunicar insights para os stakeholders, não é uma tarefa fácil, e muitos projetos de Big Data envolvendo ML, acabam perecendo, pois a equipe de Big Data, não consegue "vender" totalmente as suas ideias aos CEOs.

figura - Translators (créditos pixabay)

Alguém deve TRADUZIR o resultado positivo desta tecnologia para os negócios empresariais. Uma nova profissão chamada de "Data Translator" ou "Analytics Translator", surge para garantir o sucesso deste investimento.

Para a Google "Translator" seria um ponte entre os Cientistas de Dados (e sua equipe técnica) e os tomadores de decisão da empresa, executivos e usuários departamentais que utilizarão o resultado final deste trabalho.

Os Translators ajudariam a garantir que as organizações obtenham sucesso e impacto real com suas iniciativas de Big Data e Analytics, tornando os projetos menos propensos à falhas, deixando os Cientistas de Dados satisfeitos, enfim, retirando o estresse dos executivos.

SEÇÃO 5 – VALE A PENA INVESTIR?

Vale a pena investir tempo e dinheiro em uma nova carreira de Big Data?

De fato vale, e o mercado está aberto para receber bons profissionais, oriundos de diversas áreas do conhecimento humano, como física, matemática, ciência da computação, economia, saúde, entre outras.

figura - Carreira Profissional (créditos pixabay)

A profissão de Data Scientist dá entrada franca para todos estes profissionais, desde que esteja preparados para atuar com Análise de Dados além de conhecimentos profundos da área que atuam.

Você pode optar ainda por carreira alternativas, novas, que estão surgindo como as que citamos anteriormente (Citizen Dada Scientist, Analytics Translator) praticamente desconhecidas mas que vão gerar lacunas no mercado de trabalho.

Um artigo da Wired chamou a atenção com o título "Tell Your Kids to Be Data Scientists, Not Doctors" (Diga aos seus filhos para serem Cientista de Dados, não Doutores"). Ele remete ao artigo original, publicado pela CNBC.

Enfim, qualquer pesquisa que você realize no Google, à respeito do número de vagas para profissionais de dados, verá que são imensas. A IBM afirmou recentemente que o número empregos de dados deverá crescer de cerca de 364 mil para aproximadamente 2.7 milhões. Leia o artigo.

CAPÍTULO 16. TORNE-SE UM DATA SCIENTIST

Vimos anteriormente que:

A profissão de Data Scientist está valorizada considerando o crescimento do mercado de Big Data, Analytics e Data Science.

Existe uma áurea criada em torno do Data Scientist, a ponto de ser considerado um unicórnio, difícil de ser encontrado.

Big Data é uma atividade coletiva, de uma equipe de pessoas e não de um único indivíduo.

Análise de Dados vem se tornando uma disciplina quase obrigatória independente da área de atuação profissional.

Em Star Trek, o Data Scientist é o Spock, que avalia dados gerados a partir de Big Data, para informar as alternativas ao capitão Kirk, que as utiliza na geração de insights para resolver um problema.

Kadenze, é um MOOC que oferece cursos das melhores universidades para educadores, artistas e engenheiros, nos campos da arte e criatividade tecnológica. Cursos de ML para a área de Música ou programação para Artistas, são alguns deles.

Profissionais de diversos segmentos, como economia, medicina, filosofia, física, matemática, engenharia, computação, artes, educação, entre outros, podem se tornar Data Scientists, atuando com Análise de Dados e geração de insights em seus respectivos segmentos.

Muitas empresas, aproveitam a prata da casa, incentivando a formação de Data Scientists.

Muitos cursos e formações alternativas tem surgido para iniciar profissionais em Data Science e ajudá-los a se tornarem Cientistas de Dados.

Vamos relacionar os conhecimentos necessários e sugerir alternativas para que você saiba como se tornar um Data Scientist.

Seção 1 – Orientações Acadêmicas

figura - Cursos MOOC (créditos pexels)

1 - A vida de um Cientista de Dados

Cientistas de Dados são pessoas apaixonadas por dados, que querem desvendar os seus segredos, histórias que os dados contam.

Usam formidáveis habilidades de Computação, Estatística e Matemática para limpar e organizar dados, aplicando poderes analíticos para descobrir insights objetivando resolver problemas de negócios.

Não é só a partir da formação acadêmica e tecnológica que se prepara um Data Scientist, mas deve-se considerar dois fatores:

- **Conhecimento da Área** que atua. Um Biólogo pode ser um exímio Data Scientist na área de Genoma, pois domina e conhece profundamente a teoria e prática genética. Um Professor pode ser um excelente Cientista de Dados na área de Educação, pois conhece profundamente os aspectos pedagógicos da aprendizagem.
- **Intuição** é algo nativo, que parece estar dentro de nosso DNA, e surge nos momentos mais decisivos e importantes de nossas vidas. Cientistas de Dados que "intuem" soluções a partir dos dados, acabam encontrando algo inesperado, que revoluciona um segmento ou área de negócio.

2 - Alternativas para estudar Big Data e Data Science

Cursos de Graduação para formação de Data Scientists ainda são raros mundialmente, e inexistentes no Brasil. Algumas Universidades brasileiras tem se organizado para oferecer Pós-Graduação, MBA e Mestrados em Big Data.

Nas Universidades Americanas, o esforço tem sido enorme, no sentido de tornar Analytics uma disciplina obrigatória para todos os cursos, além dos investimentos específicos.

Além da Educação Formal, outras alternativas surgiram para permitir o avanço desta nova área e facilitar para que as pessoas interessadas possam se tornar Cientistas de Dados.

figura - Nunca pare de aprender (créditos pixabay)

A primeira delas e que está de fato sendo um novo paradigma na área de Educação são os cursos MOOC.

2.1 - MOOC

Massive Open Online Courses (MOOC) nasceram e se propagaram a partir de cursos das universidades americanas. Stanford realizou em 2011 um curso de Inteligência Artificial contendo 160 mil alunos em uma única turma.

Isto chamou a atenção do mundo, como uma nova forma de oferecer educação superior a milhares de pessoas interessadas em aprender e melhorar profissionalmente.

Modelo comercial do MOOC permite que o estudante realize o curso, e ao final decida se quer obter o Certificado, e neste caso, pode comprar por valores mínimos. Vale a pena estudar com os melhores professores do mundo a custos muito baixo.

Os dois fornecedores de MOOCs mais famosos são a Coursera que nasceu na Stanford, e a edX que nasceu com investimentos do MIT e Harvard.

figura - Cursos online (créditos pixabay)

Alguns MOOCs para você estudar Data Science são:

Coursera - O maior MOOC do mundo com milhões de alunos inscritos. Algumas universidades brasileiras participam da Coursera.

edX - O segundo maior MOOC do mundo com mais de 15 milhões de alunos inscritos.

Udacity - Considerada a Universidade de Tecnologia do Vale do Silício com várias especializações em Big Data e Data Science.

FutureLearn - MOOC com cursos provenientes das Universidades Européias.

Veduca - MOOC desenvolvido no Brasil utilizando cursos e professores de grandes universidades como a USP.

Kadenze - Cursos orientados para áreas artísticas.

2.2 - Cursos Abertos ou Livres

Algumas instituições desenvolveram cursos livres online para a formação de profissionais de dados, entre elas temos:

DataCamp - Cursos online para Data Science e Big Data.

Udemy - Cursos online de várias áreas incluindo tecnologia.

Khan Academy - Conteúdos completos em várias áreas e apropriado para complementar a formação do Data Scientist com conteúdos formativos nas áreas de Matemática e Estatística.

Data Science Academy - Semelhante à DataCamp, com cursos orientados para Big Data, Analytics e Data Science.

Dataquest - Cursos para formação de Data Scientist, Data Analyst e Data Engineer.

Code Cademy - Cursos de Tecnologia objetivando desenvolvimento de código.

2.3 - Cursos de Empresas de Tecnologia

Empresas de tecnologia, oferecem cursos de Big Data e Data Science em suas plataformas, incluindo as três maiores distribuidoras de Hadoop, que são a Cloudera, MapR e HortonWorks.

MapR - Uma das maiores distribuidoras de Hadoop com vários cursos oferecidos.

Cloudera - A maior distribuidora de Hadoop do mundo, mas os cursos são caros, mas vale a pena caso você esteja buscando uma Certificação e sua empresa possa bancar.

HortonWorks - A segunda maior distribuidora de Hadoop do mundo, mas os cursos são pagos por assinatura anual.

IBM Cognitive.ai - Antiga Big Data University com cursos orientados para tecnologia incluindo Big Data e Data Science.

Google AI - Cursos de AI e Cloud na plataforma da Google.

LinkedIn Learning - Se você é assinante do LinkedIn, terá acesso gratuito ao LinkedIn Learning, com vários cursos de tecnologia.

Intel AI Academy - Academia de cursos de Machine Learning e Inteligência Artificial da Intel.

2.4 - Bootcamps

Uma forma intensiva de aprender Big Data e Data Science é através dos chamados Bootcamps, que são programas de 12 ou mais semanas imersivas na tecnologia.

Estes programas são oferecidos por escolas independentes nos USA, inicialmente no formato presencial, mas agora já com alternativas online, com custos menores.

Algumas empresas que oferecem Bootcamp são:

Metis - Escola de Big Data e Data Science que oferece bootcamps em 4 cidades americanas.

Galvanize - Escola de Big Data e Data Science que oferece bootcamps em 6 cidades americanas.

NY Data Science Academy - Escola independente que oferece o bootcamp remotamente, com duração mais longa.

Springboard - Escola independente com bootcamp de Data Science.

SEÇÃO 2 – ORIENTAÇÕES CURRICULARES

Orientações Curriculares para Cientistas de Dados

Relacionamos sugestões sobre as áreas de estudo para a formação de um Data Scientist assim como as instituições que oferecem as formações.

Para escolher os cursos, faça uma auditoria, avaliando os conteúdos, vídeos e atividades, e depois decida sobre realizar ou não o curso.

figura - Cursos online (créditos pixabay)

Com a evolução dos MOOCs surgiram "Especializações" contendo várias disciplinas agrupadas, fortalecendo uma área específica do conhecimento.

Boa parte das Instituições oferecem legendas para o Português.

1 - Cursos de Fundamentos de Big Data e Data Science

Para iniciar se inscreva nos cursos de Fundamentos. Muitos cursos levam este título, ou ainda são rotulados como "101" numeração tradicionalmente utilizado nas Universidades para cursos introdutórios.

Big Data University da IBM, (Cognitive Class) oferece vários cursos introdutórios e rápidos de serem realizados.

MOOCs oferecem também estes cursos e vale a pena audita-los para ter uma compreensão mais abrangente da formação do Data Scientist.

2 - Linguagens de Programação

As linguagens mais utilizadas são o Python e o R.

Coursera, edX e Datacamp possuem bons cursos. Você pode optar por uma delas, a que identificar que tem mais o seu perfil, lembrando que Python é mais utilizada em Ciência da Computação e R uma linguagem mais do meio científico, das áreas de Estatística, Matemática e Física.

Existem vários artigos comparando estas linguagens, mas a escolha de uma delas dependerá muito de seu gosto pessoal.

Novas linguagens vêm surgindo como JULIA, que leva muita vantagem em processamento paralelo, não tão comum no mercado.

3 - Estatística e Probabilidade

Um bom entendimento de Estatística é essencial para o Data Scientist. Estatística Descritiva e Inferencial, são as duas áreas a serem consideradas.

A Khan Academy possui excelentes cursos nesta área. A edX oferece vários cursos introdutórios de Probabilidade como os do MIT chamados de "Introduction to Probability I e II".

Alguns cursos trazem títulos como "Probabilidade e Estatística" ou "Estatística com R ou com Python". Você ganha tempo realizando estes cursos, pois aprende as duas coisas ao mesmo tempo, a linguagem e as técnicas de programação.

figura - Aprender online (créditos pixabay)

4 - Matemática com Cálculo e Álgebra

Cálculo Multivariável e Álgebra Linear (vetores e matrizes) são os conceitos mais importantes utilizados pelos Cientistas de Dados pois formam a base para o aprendizado de vários outros conceitos em Estatística e Machine Learning.

Khan Academy oferece estes cursos, e muitas especializações de Data Science e Machine Learning com capítulos inteiros dedicados a estes temas, para facilitar o aprendizado do aluno.

Muitos destes cursos aparecem também com títulos como "Mathematics for ML: Linear Álgebra" ou "Essential Mathematics for Artificial Intelligence" embutindo a base de Matemática e Estatística para Data Science.

5 - Banco de Dados SQL e NoSQL

A linguagem SQL domina o mercado de Banco de Dados e boa parte das aplicações de negócios mundiais.

192

É fundamental o Data Scientist ter domínio de SQL.

Diversos cursos de Business e Data Analytics oferecem introduções a SQL, mas pode-se decidir ir mais fundo estudando MySQL, o open source dos SQLs.

NoSQL, como HBase ou MongoDB devem ser estudados em seguida, pois permitem as aplicações com dados não estruturados.

Bons cursos de Banco de Dados SQL e NoSQL são encontrados nos MOOCs.

6 - Plataforma Hadoop e seu Ecossistema

Vários cursos de Hadoop são oferecidos, e vale a pena iniciar por cursos de fundamentos e ir crescendo gradativamente.

O sistema Cloudera Hadoop é gratuito e pode ser uma excelente alternativa para os estudos e testes em seu computador.

O Ecossistema Hadoop, é extenso, e vale a pena ir aprendendo sobre cada um dos pacotes mais profundamente, à medida que for se desenvolvendo como Data Scientist.

Spark neste momento é a plataforma de escolha das maiores empresas e uma boa alternativa de mercado, portanto uma plataforma quase que obrigatória para o Data Scientist conhecer.

7 - Preparação de Dados

Importar, limpar e preparar os dados para análise é de fato importantíssimo.

Existem cursos de R e Python para Data Wrangling, mas pode também optar por utilizar ferramentas visuais de apoio, como o Trifacta por exemplo que oferece cursos gratuitos em sua plataforma.

8 - Análise de Dados

Cursos de Análise de Dados são essenciais para ter uma metodologia de trabalho, tais como: elaborar perguntas sobre os dados, limpar e organizar, explorar, encontrar padrões e obter insights, tirar conclusões e comunicar as suas descobertas.

Estes cursos também aparecem nas plataformas de ensino mencionadas, como "Introdução à Análise de Dados" ou "Análise de Dados com R" ou "Análise de Dados com Python". Todos os MOOCs oferecem excelentes cursos de Análise de Dados.

9 - Visualização de Dados e Comunicação

Este tema surgirá muitas vezes nos cursos vai realizar, mas seria importante aprender uma ferramenta completa de visualização de dados, como o Tableau por exemplo. A Coursera oferece uma especialização completa chamada de "Data Visualization with Tableau".

10 - Machine Learning

Os melhores salários dos Cientistas de Dados estão baseados em conhecimentos práticos de ML. Existem vários cursos e especializações sendo oferecidas nos MOOCs e cada vez mais esta tecnologia está se popularizando.

Lembrando que estes cursos devem ser realizados mais ao final da formação, pois exigem outros como pré-requisitos.

11 - Algumas disciplinas que podem fazer falta

A medida que você vai estudando para se tornar um Data Scientist, surgirão novas disciplinas que exigirão de uma maneira ou de outra a sua atenção.

Engenharia de Software, Mineração de Dados, são áreas da Ciência da Computação, que será necessário estudar mais profundamente, à medida que surgir esta necessidade nos projetos a serem desenvolvidos.

Computação de nuvem pode também necessitar de alguns esforços para projetos específicos.

Assuntos quaisquer que forem relacionados a "predictive modelling and analytics" ou modelos preditivos usando estatística e ML devem ser aprofundados, assim como "Hypothesis Testing" (teste de hipóteses).

Conclusão

Dificilmente um Data Scientist será especialista em tudo o que listamos anteriormente.

Sabemos que a maioria das pessoas tem mais conhecimentos em determinadas áreas do que em outras, e se tornam melhores especialistas naquilo que atuam em função de sua experiência prática de mercado.

Dependendo do setor que o Data Scientist atuar será necessário buscar especializações específicas para resolver os problemas da área que estiver envolvido.

Se tornar um Data Scientist é uma longa jornada, que deve ser trilhada ao longo do tempo, mas não impossível de ser conquistada.

E, como diz DJ Patil "Data Science é um esporte coletivo" e equipes se complementam na solução de problemas complexos.

Capítulo 17. Big Data para Executivos

Na era Big Data, Executivos líderes de negócios, devem começar a pensar em volume de dados e no impacto que eles acarretam para os negócios.

É preciso prestar atenção nas novas fontes de dados provenientes de clientes, produtos, serviços e operações da empresa, dados estruturados, e principalmente não estruturados, como os provenientes de redes sociais, IoT, emails, blogs, enfim, dados que podem começar a contar uma nova história da empresa ainda não conhecida.

figura – Executivos (créditos pixabay)

Esta nova história de dados, permitirão descobrir novas oportunidades para geração de receitas, que é o centro do desenvolvimento empresarial.

Um fato a considerar, é responder a famosa pergunta: "A empresa precisa de Big Data?".

Sim, precisa. Não de uma estratégia de Big Data, mas sim de uma estratégia de negócios que incorpore Big Data.

Executivos devem passar a adotar a análise de dados como uma disciplina de negócios, assim como marketing, vendas e finanças, além de integrar dados, Big Data, e métodos preditivos e analíticos em seus modelos de negócios e tomada de decisão.

Não pense em Big Data como tecnologia, mas sim como transformação dos negócios, e tenha foco no que a empresa busca comercialmente, como reduzir custos, melhorar relacionamento com cliente, aumentar faturamento. Busque respostas nestas questões analisando e cruzando dados, para obter as direções corretas.

Torne a empresa "data literacy" (alfabetizada em dados) no sentido de utilizar as novas fontes de dados com eficácia, fazendo da geração de insights novas oportunidades de negócios.

Big Data é o caminho para transformar e posicionar as empresas para o futuro.

Capítulo 18. Big Data para Profissionais de Mercado

Boston Consulting Group previu que, até 2025, um quarto dos empregos atualmente disponíveis serão substituídos por software ou robôs inteligentes.

Um estudo da Universidade de Oxford identificou que quase metade dos empregos nos EUA está em risco de automação dentro dos próximos 20 anos.

Alertas semelhantes, aparecem na imprensa, congressos e encontros de Recursos Humanos associados à tecnologia.

É preciso avaliar se a sua atividade profissional, não será uma vítima desta nova era das tecnologias exponenciais, da disrupção digital.

figura – Profissionais de Mercado (créditos pixabay)

Ameaças sempre existirão, de que a tecnologia substituirá empregos, apesar de gerar outros, não em quantidades suficientes para cobrir os eliminados.

Big Data e Machine Learning trarão disrupções aos empregos, assim como o Uber vem substituindo os taxis, Netflix o cinema, eBooks os livros em papel.

Se você é um profissional de mercado, passe a integrar a Análise de Dados em suas habilidades. Obtenha uma "Cultura de dados", que fará parte de sua vida.

Aprenda a coletar, analisar, visualizar e contar histórias sobre os dados. Eles estão por todos os lados, em grandes quantidades, estruturados ou não, com ou sem anomalias, prontos para serem refinados e avaliados para obtenção de insights.

As decisões empresariais modernas estarão cada dia mais orientadas para os dados, e você verá que se tornar proficiente em análise de dados, será importante para o seu crescimento profissional.

Big Data está aqui para ficar e influenciará a sua vida profissional dando poder para os que souberem se aproveitar desta tecnologia.

CAPÍTULO 19. CONCLUSÕES

Neste livro investigamos sobre Big Data, Data Science, Analytics e Machine Learning, aprendendo sobre estas áreas e suas implicações em nossa sociedade.

Vimos que o grande volume de dados gerados no mundo diariamente, deu origem a um fenômeno, que passamos a tratar pelo nome Big Data.

Descobrimos novas tecnologias para tratar estes dados, como Hadoop, e avaliamos aplicações de Big Data que deram origem às maiores empresas mundiais orientadas para dados como Google, Amazon, Tesla e Uber.

Conversamos ainda sobre a importância da Ciência de Dados, na coleta, organização e otimização de dados complexos, descobrindo relações e anomalias entre variáveis, e desenvolvendo aplicações que transformam dados em informações valiosas chamadasInsights.

Vimos que os novos profissionais encarregados de avaliar estes dados são chamados de "Data Scientist", apelidados de Unicórnios, devido serem raros.

Eles coletam, processam, limpam e verificam a integridade dos dados utilizando habilidades de engenharia computacional, estatística e matemática para construir "modelos", como prever o comportamento do consumidor em uma compra, ou identificar novos segmentos de clientes.

Vimos que estes modelos são implementados utilizando algoritmos de Machine Learning, ou Aprendizado de Máquina, que têm a capacidade de identificar padrões ocultos nos dados, aprendendo por si só. Por esta razão ML se tornou importantíssimo para Big Data.

Vimos que a análise de grandes volumes de dados, retornam resultados rápidos, precisos, e previsões que permitem aos computadores gerarem decisões sem a intervenção humana.

Big Data é uma tecnologia "Moonshot" daquelas que surgem e alteram profundamente a vida das pessoas, como a invenção da lâmpada, smartphone, computador.

Vimos que para alguns observadores, estamos migrando para uma nova economia, a chamada "Data Economy".

Estamos assistindo uma corrida mundial entre as empresas para dominar as aplicações de Big Data, buscando alternativas para a sobrevivência dos negócios, gerando um mercado de trabalho que exige do profissional habilidades em Análise de Dados.

Neste cenário, o melhor caminho, é procurar aprender sobre Big Data, conversar com seus amigos, ler sobre casos de sucesso no Brasil e no mundo, assistir seminários, identificar as principais alternativas e avaliar a possibilidade de realizar projetos em sua empresa, para validar a tecnologia.

Esperamos que este livro tenha servido ao propósito de despertar o seu interesse, pois Big Data vai alterar a sua vida profissional, e os negócios da empresa.

Desejamos a você muito sucesso e prosperidade nesta nova aventura do conhecimento chamada "Big Data".

RESUMO DOS CAPÍTULOS

Olá.

Bem-vindo aos Resumos.

Se você já leu todo o livro, aproveite para rever os conteúdos, conceitos, e aprendizados.

Utilize este Resumo sempre que precisar reler e retornar ao livro, dentro de seu próprio estilo de aprendizagem.

RESUMO CAP. 1 – INTRODUÇÃO AO BIG DATA

No Capítulo 1 "Introdução ao Big Data" aprendemos que:

- Big Data representa dados em grandes volumes.

- Que podem ser analisados a baixo custo utilizando métodos Estatísticos, Matemáticos e Computacionais.

- Data Insight é o resultado genial e final e gerado a partir de uma aplicação de Big Data.

- Insights identificam padrões escondidos nos dados, utilizados para o desenvolvimentos de novos produtos chamados de "data oriented products" ou "produtos de dados"

- Empresas Data-driven (orientadas para dados) utilizam estas novas tecnologias de dados para desenvolverem e ampliarem os seus negócios.

- Google, Amazon, Netflix, LinkedIn, Facebook, Tesla, Uber são empresas data-driven. Consideradas as mais valiosas do mundo.

- Dados são gerados por Pessoas, Máquinas e Empresas. Máquinas geram mais dados do que Pessoas e Empresas.

- Dados são o novo Petróleo, é uma frase utilizada por CEOs para justificar uma nova Economia baseada em Dados e a importância de Big Data nos negócios.

- Dark Data ou Dados Escuros são dados gerados e não utilizados pelas empresas, descartados por falta de uso. As empresas utilizando Big Data estão descobrindo a sua importância para a geração de novos negócios e aumento de faturamento.

RESUMO CAP. 2 - COMO DIMENSIONAR OS DADOS

No Capítulo 2 "Como Dimensionar os Dados" aprendemos que:

- Dados são dimensionados utilizando as unidades de Byte (um caracter), KiloByte (KB), MegaByte (MB), GigaByte (GB), TeraByte (TB), PetaByte (PB), ExaByte (EB), ZettaByte (ZB) e YottaByte (YB).

- TeraBytes (TB), PetaBytes (PB) e ZettaBytes (ZB) são as unidades de medidas mais comuns utilizadas em Big Data.

- Os dados pessoais se tornaram o Santo Graal das empresas orientadas a dados como Google e Facebook.

- IoT (Internet das Coisas) é uma rede mundial de dispositivos conectados usando a Internet.

- Wearables geram grandes volumes de dados pessoais. São dispositivos vestíveis, como relógios, pulseiras, fones de ouvido, óculos de realidade virtual, e roupas com sensores utilizados para avaliar atividades humanas.

- Tudo o que conhecemos na Terra será um dia um gerador de dados, incluindo nossas casas, carros e nossos próprios corpos.

- Chamamos esta hiperconectividade de Internet das Coisas (Internet of Things ou IoT), que pode ser considerada uma rede global de dispositivos conectados, gerando dados velozmente, criando um sistema consciente, autônomo e acionável, sem necessidade de interação humana.

- Prevê-se que 75 bilhões de dispositivos estejam conectados até o ano de 2025 (smartphones, computadores, TV digital, relógios inteligentes, wearables, videogames, carros, satélites, assistente virtual, etc.)

- Os dados gerados por IoT trazem o volume e a velocidade que interessam às aplicações de Big Data e à geração de insights sobre os dados.

RESUMO CAP. 3 - CLASSIFICAÇÃO DOS DADOS

No Capítulo "Classificação dos Dados" aprendemos que:

- Dados são classificados em 3 tipos: Estruturado, Semiestruturados e Não Estruturados.

- As aplicações tradicionais de computação fazem uso de dados estruturados acessados a partir de banco de dados relacionais contendo tabelas com linhas e colunas, formato semelhante ao tratamento de dados utilizado nas planilhas eletrônicas, como Excel da Microsoft.

- As aplicações de Big Data utilizam grandes volumes de dados, de todos os tipos (estruturados, semi-estruturados e não estruturados) provenientes de diferentes fontes.

- Algumas novas áreas que geram dados para Big Data são as de Análise de Genoma, Internet das Coisas (IoT), Dados de Satélite GIS (Geographic Information Systems), Veículos Autônomos, Exploração Espacial, entre outras.

- Arquivos Distribuídos de Big Data utilizam um sistema de processamento paralelo permitindo que o processamento seja executado em um nó mais próximo, ou mesmo subdividido para vários outros da rede.

RESUMO CAP. 4 - OS V'S DO BIG DATA

Neste Capítulo "Os V's do Big Data" aprendemos que:

- As aplicações de Big Data possuem características únicas chamadas de os V's do Big Data.

- Os V's mais famosos são Volume, Velocidade, Variedade, Veracidade e Valor.

- O volume de dados gerados por dia no mundo equivale a 2,5 quintilhões de Bytes.

- Amazon produz grandes volumes de transações em um breve período de tempo. Minerar estes dados é parte de uma das mais significantes aplicações de Big Data, utilizando os V's de Volume, Velocidade, Variedade e Veracidade.

- Cientista de Dados utilizam 75% do seu tempo na organização e preparação dos dados. Nenhuma análise de dados pode suportar uma pobre qualidade de dados.

- O Impacto Humano de Big Data se faz sentir hoje em áreas como Longevidade, Saúde, Pesquisa Espacial, Veículos Autônomos, Educação, Marketing, Criminalidade, Comércio e Finanças.

RESUMO CAP. 5 - INTRODUÇÃO A CIÊNCIA DE DADOS

Neste Capítulo "Introdução a Ciência de Dados" aprendemos que:

- Ciência de Dados (Data Science) é o método científico utilizado para realizar a Análise de Dados.

- Big Data e Data Science são implementados em conjunto para resolver os chamados problemas de dados, que buscam insights sobre os dados.

- A Ciência de Dados utiliza conhecimentos de Estatística (análise de dados, definição de modelos). Matemática (organização e estrutura de dados). Ciência da Computação (redes, programação, computação de nuvem, aprendizado de máquina). Conhecimento de domínio, da área específica onde o problema está sendo resolvido.

- As fases da Ciência de Dados são: Formule as perguntas corretas. Adquira os dados. Explore os dados. Analise os Dados. Relate o que encontrou. Transforme insights em ações.

- Kaggle é um site para Análise de Dados e concursos de Ciência de Dados. Kaggle se tornou uma plataforma, um site completo sobre Ciência de Dados, com datasets (conjuntos de dados) gratuitos, ferramentas, cursos, blog, enfim, tudo o que é necessário para aprender sobre esta nova área.

- Data Marketplace ou Mercado de Dados, são sites na Internet que comercializam ou fornecem gratuitamente Datasets (base de dados) para serem utilizados na análise de dados.

RESUMO CAP. 6 - CIENTISTA DE DADOS E BIG DATA

Neste Capítulo "Cientista de Dados e Big Data" aprendemos que:

- O valor de Big Data reside em desenvolver insights sobre dados, e insights provêm de pessoas talentosas, curiosas, que fazem perguntas inteligentes, e tentam respondê-las utilizando a Análise de Dados.

- Cientista de Dados é uma nova profissão orientada para Big Data, Ciência de Dados, Análise de Dados e geração de Insights.

- As habilidades de um Cientista de Dados envolvem conhecimentos de Programação, Estatística, Matemática, Aprendizado de Máquina, Wrangling (preparação de dados), Visualização, Comunicação, Engenharia de Software, entre outras. Talvez a mais importante seja a que chamamos de "Intuição", talento para resolver problemas complexos.

- Os Cientista de Dados são apelidados de Unicórnios, em função da dificuldade de encontrar este perfil de profissional.

- Big Data é um esporte coletivo, afirmou D. J. Patil, um dos primeiros Cientistas de Dados do mundo.

RESUMO CAP. 7 - APLICAÇÕES DE BIG DATA

Neste Capítulo "Aplicações de Big Data" aprendemos que:

- O rápido desenvolvimento das novas tecnologias, a explosão na geração de dados e a capacidade de armazenamento crescente com custos reduzidos, estão transformando a forma como as empresas desenvolvem os seus negócios.

- Big Data é uma nova tecnologia e poucas empresas conseguiram quantificar o valor obtido da análise dos dados não estruturados para gerar insights positivos sobre a tomada de decisões.

- Algumas das maiores aplicações de Big Data são as da Google, Netflix, e Amazon.

- É de supor que a Google processe diariamente mais de 4,5 bilhões de pesquisas em um banco dados com mais de 25 bilhões de páginas, e provavelmente realiza trilhões de pesquisas por ano.

- A principal aplicação dos sistemas de Big Data da Netflix, são os chamados engenhos ou sistemas de recomendação. São algoritmos de Aprendizado de Máquina agindo sobre grandes bases de dados de informações, compostas por filmes, usuários, e recomendações tais como "se você gostou deste filme, te recomendo mais este, mais este, e mais este".

- Amazon ganhou escala, a partir de investimentos em Big Data e Ciência de Dados, seja na construção de algoritmos orientados para vendas online, ou na utilização de grandes fazendas de computadores, contendo clusters e tecnologia de Big Data para garantir o crescimento do negócio.

- A Tesla é "data driven", orientada para dados, o que a diferencia das demais empresas automotivas. Antes de fazer um carro, a Tesla construiu um grande base de consumidores que estariam dispostos a comprar esta nova tecnologia. Passou a registrar todos os dados gerados pelos carros e pelo consumidor, em todos os aspectos do uso do produto.

- Liderados pelo Brasil e México e impulsionados pelos projetos de transformação digital nas empresas, o mercado deverá atingir US$ 7,41 bilhões até 2022, de acordo com consultoria Frost & Sullivan.

- As áreas de maior potencial para aplicações de Big Data na Educação envolvem Aprendizagem, Gestão Escolar e Gestão Curricular.

- Um dos tópicos mais populares em Big Data é o que trata da análise de dados em redes sociais, hoje presente na vida individual e coletiva das pessoas e organizações.

- Uma das áreas mais promissoras para aplicações de Big Data é a IoT (Internet of Things) que traduzimos como Internet das Coisas.

- A IoT, conecta qualquer "coisa" que gera dados à Internet: dispositivos, wearables, vídeo games, carros, eletrodomésticos, satélites, aviões, enfim, toda uma gama de sensores e dispositivos, gerando dados sem parar.

- Acredita-se que o número de dispositivos conectados em todo o mundo atingirá 50 bilhões em 2020 e os gastos de IoT U$ 267 bilhões.

RESUMO CAP. 8 - PRIVACIDADE EM BIG DATA

Neste Capítulo "Privacidade em Big Data" aprendemos que:

- É de se admirar que Big Data ofereça grandes oportunidades para empresas, profissionais e usuários desta tecnologia. Mas, podem existir riscos legais e regulatórios relacionados a questões como a privacidade dos dados pessoais ou empresariais que podem resultar em violação de confiança.

- Ao analisar os padrões dentro das "trilhas digitais" que deixamos à medida que nos movemos pelo mundo digital (sites, chamadas telefônicas, transações de cartão de crédito, sistemas de posicionamento global, etc.), os Cientistas de Dados estão descobrindo que é possível explicar muitas coisas, tais como falhas financeiras, revoluções, pânicos, que antes pareciam eventos aleatórios.

- As três divisões dentro do espectro do controle de dados hoje para Big Data são: (1) Dados Comuns. (2) Dados Pessoais. (3) Dados Governamentais.

- Estamos entrando no era dos dados, onde a governança é muito mais conduzida por dados do que no passado. O sucesso de uma sociedade baseada em dados é a proteção da privacidade pessoal e da liberdade individual.

- Nos últimos anos, um grande esforço mundial vem sendo feito no sentido de definir regulamentações que permitam aos indivíduos proteger os seus dados pessoais. Entre eles o GDPR e o LGPD.

- O GDPR (General Data Protection Regulation) ou Regulamento Geral sobre a Proteção de Dados, foi o passo mais importante dado nos últimos 20 anos pela União Européia no sentido da privacidade de dados.

- No Brasil, a medida provisória número 869 de 28 de novembro de 2018, sancionou a Lei Geral de Proteção dos Dados Pessoais (LGPD). Ela entrará em vigor em agosto de 2020.

- Muitas políticas de privacidade ainda serão definidas, sendo preciso que empresas e indivíduos estejam atentos à Privacidade e Governança dos Dados na era do Big Data, onde será preciso trabalhar com padrões de segurança cada vez mais elevados.

RESUMO CAP. 9 - INFLUÊNCIAS DE BIG DATA

Neste Capítulo "Influências de Big Data" aprendemos que:

- Big Data e Data Science também tem pioneiros, que acreditaram que algo novo estava surgindo, alterando a vida das pessoas e dos negócios.

- São empresas e profissionais que colaboraram diretamente para a explosão do uso das tecnologias de Big Data e Data Science.

- Google, Yahoo, Netflix, Amazon, Facebook, LinkedIn, foram as primeiras empresas a fazer uso intensivo destas tecnologias.

- Alguns influenciadores de Big Data são: D. J. Patil, Doug Cutting, Jeff Hammerbacher, Hilary Mason, Andrew Ng, Monica Rogati, Kirk Borne e Thomas Davenport.

- Além deles, novas empresas e tecnologistas tem surgido, tornando Big Data uma área de inovação mundial em produtos e serviços.

RESUMO CAP. 10 - PRINCIPAIS TECNOLOGIAS DE BIG DATA

Neste Capítulo "Principais Tecnologias de Big Data" aprendemos que:

- Big Data foi possível graças ao surgimento e convergência de várias tecnologias. Entre elas temos a

Tecnologia de Nuvem, as Tecnologias de Software e Hardware, e a Tecnologia de Sistemas Hadoop.

- Além delas, dois paradigmas tecnológicos trazem crescimento exponencial para Big Data, que são Edge Computing e Digital Transformation.

- A Computação de Nuvem (Cloud Computing) alterou rapidamente a computação pessoal e profissional, permitindo que pessoas e pequenas empresas pudessem ter as mesmas tecnologias (antes restritas às grandes empresas) disponíveis para competir de igual para igual no mundo digital.

- Tecnologias de Software como Sistema Hadoop, Machine Learning (Aprendizado de Máquina), e tecnologias de Hardware como as SSDs e GPUs aceleraram as aplicações de Big Data devido ao seu baixo custo.

- Hadoop é uma plataforma de software livre escrita em linguagem Java para computação distribuída orientada para clusters e processamento de grandes volumes de dados, com atenção para tolerância a falhas. É o sistema operacional do Big Data.

- Hadoop é excelente para trabalhar com grandes volumes de dados em Big Data.

- As três empresas que popularizaram e distribuíram Hadoop são a Cloudera, MAPR e a Hortonworks. A Cloudera e a Hortonworks se fundiram no início de 2018, com um valor patrimonial de 5,2 bilhões.

- Edge Computing (Computação de Borda) é uma nova tendência em Big Data. Um novo paradigma, indicando que a "computação" será realizada próxima de onde os dados estão sendo capturados. Edge é o local onde encontram-se os dispositivos de borda que estão conectados, processando a informação, e fornecendo dados sintéticos, para os grandes sistemas em nuvem.

- Digital Transformation (Transformação Digital) é um novo conceito tecnológico, um paradigma, que corresponde ao uso e integração da tecnologia digital em todas as áreas e fases da realização dos negócios, alterando a forma como as empresas atuam e agregam valor aos consumidores.

RESUMO CAP. 11 - ANÁLISE DE DADOS EM BIG DATA

Neste Capítulo "Análise de Dados em Big Data" aprendemos que:

- Para obter insights sobre dados, é preciso aplicar métodos analíticos adequados ao seu tratamento, uma prática conhecida como "Ciência de Dados" (Data Science).

- Business Analytics (Análise de Negócios), Data Analytics (Análise de Dados), Data Mining (Mineração de Dados), Text Analytics (Análise de Textos) e Predictive Analytics (Análise de Previsão ou Preditiva) são termos essencialmente inclusos dentro do campo da Ciência de Dados, utilizados para se referir ao ato de realizar uma "Análise de Dados"

- "Analytics", por outro lado, estabelece o ato de realizar uma análise de dados, em vários níveis de profundidade, o que nos permite dizer que uma Análise de Dados pode ser extremamente complexa ou relativamente simples.

- O Gartner classifica "Analytics" em 4 níveis ou tipos: Descritiva, Diagnóstica, Preditiva e Prescritiva.

- As empresas podem realizar ou estar realizando os quatro níveis de análise ao mesmo tempo, em função do problema a ser resolvido, ou mesmo da necessidade de uma análise departamental ser mais ou menos profunda.

- **Análise Descritiva dos Dados** é o processo de coleta, limpeza e apresentação de dados para obter informações imediatas. É o primeiro contato com os dados, buscando responder perguntas simples, tais como: Por que as nossas vendas estão diminuindo? Quais tipos de pessoas estão comprando nossos produtos?

- **Análise Diagnóstica** são os esforços de resolução de problemas, que acrescentam um valor significativo para uma resposta procurada, apresentando de forma visual a solução deste problema.

- **Análise Preditiva** fornece suporte para o entendimento de eventos futuros, das tendências futuras baseadas nos dados.

- **Análise Prescritiva** indica o que deve ser feito, ou o que deve ser executado em termos práticos (action).

RESUMO CAP. 12 - FERRAMENTAS DE ANÁLISE DE DADOS

Neste Capítulo "Ferramentas de Análise de Dados" aprendemos que:

- São numerosas as ferramentas de Análise de Dados, tais como as linguagens de programação Python e R, ferramentas para soluções estatísticas ou matemáticas, ferramentas de BI, ferramentas comerciais das grandes empresas como Amazon, Microsoft, Google, IBM, e ferramentas mais recentes que surgiram na era de Big Data.

Algumas destas ferramentas são:

- Planilha Eletrônica: Microsoft Excel

- Linguagens de Programação: R e Pyhton

- Análise Estatísticas: SAS, SPSS

- Visualização de Dados: Tableau, Qlik

- Análise e Ciência de Dados: KNIME

- Preparação dos Dados (Wrangling): Trifacta

- Análise Preditiva: H2O

- Análise de Dados de Máquinas: Splunk

- Plataformas Colaborativas: Rapid Miner e Dataiku

- Plataforma Científica: Matlab

- Hadoop Framework: Spark

- Machine Learning Frameworks: Apache Mahout, TensorFlow, Caffee.

RESUMO CAP. 13 - CONCEITOS DE APRENDIZADO DE MÁQUINA

Neste Capítulo "Conceitos de Aprendizado de Máquina" aprendemos que:

- Machine Learning (Aprendizado de Máquina) é o campo de estudo que se concentra nos sistemas de computadores que aprendem com os dados, por reconhecimento de "padrões".

- Estamos passando a ensinar os computadores a lidarem com padrões, esta qualidade humana tão invejada.

- Para tanto utilizamos "Modelos Analíticos" chamados de "Algoritmos de ML", que permitem ao computador por si só, ir aprendendo com os dados, sendo antes treinado a partir deles, para obter a capacidade de manipular processos e tomar decisões, sem interferência humana.

- O desenvolvimento de Modelos Analíticos é uma das atividades mais importantes de um Data Scientist, assim como também a sua validação e aplicação prática.

- Machine Learning é um método de análise de dados que automatiza o desenvolvimento de modelos analíticos, empregando algoritmos que aprendem interativamente a partir dos dados.

- Alguns exemplos práticos de Machine Learning são: veículos autônomos, sistemas de recomendações como o Netflix e Amazon, detecção de fraudes, filtragem de spams, jogos, análise sentimental, reconhecimento de imagem, diagnóstico médico, assistentes virtuais, entre outros.

- Os quatro principais algoritmos de Machine Learning são: Classificação (classificar por categoria), Regressão (prever valores numéricos), Agrupamentos (organizar itens semelhantes em grupo), e Associação (identificar associações entre itens, produtos, ou eventos).

- Métodos Analíticos ou Algoritmos de Machine Learning são classificados como: Aprendizado Supervisionado, Não Supervisionado e de Reforço.

- Aprendizado Supervisionado - Dados de destino estão rotulados para cada amostra da avaliação.

- Aprendizado Não Supervisionado - Dados não são rotulados e o alvo do modelo que se está prevendo é desconhecido.

- Aprendizado de Reforço - mais utilizado para Robótica e Internet das Coisas.

- Algoritmos de Classificação e Regressão são classificados como Aprendizado Supervisionado.

- Algoritmos de Agrupamentos e Associação são classificados como Aprendizado Não Supervisionado.

- As empresas que conseguem utilizar de forma integrada Big Data, Data Science e ML, estão dominando o mercado, a partir do que chamamos de "Análise Preditiva" ou "Predictive Analytics", onde o objetivo é prever o futuro, antecipar de forma probabilísticas os possíveis resultados empresariais.

RESUMO CAP. 14 - INTRODUÇÃO A VISUALIZAÇÃO DE DADOS

Neste Capítulo "Introdução a Visualização de Dados" aprendemos que:

- O trabalho final de um Cientista de Dados, é o de apresentar os resultados dos trabalhos de análise, modelos estatísticos utilizados, algoritmos computacionais, história que os dados querem contar, profecias e previsões que acontecerão.

- Para isso, implementa técnicas de visualização de dados, que são formas interativas e visuais para representar as informações em um formato mais humano, mais atraente e visual.

- Visual Analytics é um termo utilizado para descrever a visualização de dados a partir de projetos orientados para a análise de dados envolvendo Big Data e Ciência de Dados.

- Data Visualização não apenas trata de apresentar os dados de forma atraente, mas também interpretá-los, entende-los para dar suporte à tomada de decisões.

- Diferentes tipos de gráficos, layouts, painéis analíticos, grafos, software especializados, linguagens de programação, bibliotecas gráficas, surgiram para dar um enorme significado para a Visualização dos Dados na era do Big Data.

- A apresentação final de um trabalho de Big Data deve responder perguntas sobre os dados e as hipóteses levantadas. Deve ser simples, objetiva, dinâmica, e com Dashboards interativos.

- Um bom Data Scientist sabe que a visualização de dados não substitui um bom modelo ou método de análise, mas tem papel importante no suporte ao processo de Ciência de Dados.

- Algumas das principais ferramentas de visualização de dados são: Tableau, Qlik, Chartio, Linguagens R e Python com suas bibliotecas gráficas, Plot.ly, D3.js, Neo4j, Google Charts, Gephi, entre outras.

- Contar histórias sobre os dados, passou a ser uma profissão valorizada, e uma das raras habilidades necessárias ao Data Scientist. A visualização de dados, por sua vez, passou a ser considerada uma área que envolve Ciência e Arte.

- A chamada "Data Art", vem crescendo em várias áreas como as de Business Intelligence, Big Data e Data Science, e precisa de profissionais dedicados, provenientes de áreas de design e com experiência em Análise de Dados.

RESUMO CAP. 15 - CARREIRAS EM BIG DATA

Nesta Capítulo "Carreiras em Big Data" aprendemos que:

- Uma variedade de novas profissões e carreiras surgiram nos últimos anos, orientadas para Big Data, Data Science e Analytics, tornando este mercado atraente profissionalmente. Citizen Data Scientist e Data Translators são duas destas novas carreiras.

- Algumas outras carreiras de Dados são: Business Analytics, Business Data Analytics, Business Intelligence Analyst, Data Analyst, Big Data Analyst, Data Science Manager, Data Engineer, Software Engineer, Big Data Engineer & Development, Big Data Architect, Big Data Administrator.

- A carreira mais abrangente em Big Data é a do Cientista de Dados (Data Scientist) e foi considerada a carreira mais "sexy" do século XXI.

- A explosão de Big Data criou a necessidade de Cientistas de Dados, profissionais com capacidade para coletar dados de diferentes fontes, processar, analisar e apresentar as informações ou insights gerados a partir do entendimento dos dados avaliados.

- Os Cientistas de Dados são profissionais originários de diferentes áreas, com diferentes backgrounds envolvendo estatísticos, físicos, matemáticos, especialistas em aprendizado de máquina, engenheiros de software, analista de dados, tecnólogos, gerentes de tecnologia ou de banco de dados, programadores, etc.

- Em geral as habilidades dos Data Scientist são classificadas em 4 níveis: (1) Habilidades Analíticas. (2) Programação de Computadores. (3) Matemática e Estatística. (4) Comunicação e Apresentação.

- Drew Convey, um cientista social, desenvolveu uma visão holística do perfil do Data Scientist chamada de Diagrama de Convey. Como apresentado abaixo.

Diagrama de Convey (créditos Convey)

- Citizen Data Scientist é uma nova profissão em Big Data. Um Citizen Data Scientist, teria habilidades básicas em Ciência de Dados e Estatística, mas não tão avançadas quanto as de um Cientista de Dados. Investigaria novos dados, melhoraria modelos analíticos existentes. O termo foi cunhado pelo Gartner, que considerou não haver tempo para formar Data Scientists para atender o crescimento do mercado de Big Data Analytics.

- Uma nova profissão é a de Data ou Analytics Translator. Os Translators ajudariam a garantir que as organizações obtenham sucesso e impacto real com suas iniciativas de Big Data e Analytics, tornando os projetos menos propensos à falhas, deixando os Cientistas de Dados satisfeitos, enfim, retirando o estresse dos executivos.

- Vale a pena investir tempo e dinheiro em uma nova carreira de Big Data? De fato vale, e o mercado está aberto para receber bons profissionais, oriundos de diversas áreas do conhecimento humano, como física, matemática, ciência da computação, economia, saúde, entre outras.

- A profissão de Data Scientist dá entrada franca para todos estes profissionais, desde que esteja preparados para atuar com Análise de Dados além de conhecimentos profundos da área que atuam.

RESUMO CAP. 16 - TORNE-SE UM DATA SCIENTIST

Neste Capítulo "Torne-se um Data Scientist" aprendemos que:

- A profissão de Data Scientist está valorizada considerando o crescimento do mercado de Big Data, Analytics e Data Science.

- Big Data é uma atividade coletiva, de uma equipe de pessoas e não de um único indivíduo.

- Análise de Dados vem se tornando uma disciplina quase obrigatória independente da área de atuação profissional.

- Profissionais de diversos segmentos, como economia, medicina, filosofia, física, matemática, engenharia, computação, artes, educação, entre outros, podem se tornar Data Scientists, atuando com Análise de Dados e geração de insights em seus respectivos segmentos.

Algumas orientações acadêmicas para iniciar os estudos e se tornar um Data Scientist são:

- MOOC (Massive Open Online Courses) fornecidos por: Coursera, edX, Udacity, FutureLearn entre outros.
- Curso Abertos ou Livres fornecidos por: DataCamp, Udemy, Khan Academy, Data Science Academy, Dataquest, Code Cademy, entre outros.
- Cursos de Empresas de Tecnologia fornecidos por: MapR, Cloudera, IBM, Google, LinkedIn, Intel, entre outros.
- BootCamps (programas intensivos) oferecidos por: Metis, Galvanize, NY Data Science Academy, Springboard, entre outros.

Algumas orientações curriculares para iniciar os estudos de Data Scientist são:

- Cursos de Fundamentos de Big Data e Data Science.

- Linguagens de Programação

- Estatística e Probabilidade

- Matemática com Cálculo e Álgebra

- Banco de Dados SQL e NoSQL

- Plataforma Hadoop e seu Ecossistema

- Preparação de Dados

- Análise de Dados

- Visualização de Dados

- Machine Learning

Se tornar um Data Scientist é uma longa jornada, que deve ser trilhada ao longo do tempo, mas não impossível de ser conquistada.

APÊNDICES TÉCNICOS

Esta é uma leitura opcional.

São Apêndices com mais detalhes Técnicos de Big Data.

APÊNDICE 1 -. ECOSSISTEMA HADOOP

Hadoop é otimizado para processamento paralelo, de grades volumes de dados estruturados e não estruturados, com baixos custos de hardware.

O processamento Hadoop é feito em Lotes (batch) e não em tempo real, replicando os dados através dos computadores da rede, e mantendo tolerância a falhas.

figura - Apache Hadoop (créditos Apache Foundation)

Hadoop não substitui bancos de dados relacionais, ou transações on-line, baseadas em dados estruturados, mas os complementa, considerando que mais 80% dos dados do mundo são não estruturados.

O jornal "New York Times" converteu para um cluster Hadoop na AWS da Amazon, a baixo custo, todos os artigos escritos entre 1851 e 1922, com 11 milhões de páginas e 4TB de dados. O trabalho foi realizado por um único funcionário em apenas 24 horas.

As soluções baseadas em Hadoop e outros softwares analíticos, estão cada vez mais relevantes, populares e implementadas de forma mais rápida.

Hadoop não deve ser considerado um projeto monolítico, mas sim um conjunto de aplicações utilizadas para analisar grandes volumes de diferentes tipos de dados.

Hadoop é um Ecossistema, software livre, composto por frameworks, bibliotecas, metodologias para análise de grandes dados, desenvolvidos sob a gestão da Apache Software Foundation, com apoio de empresas líderes como a Cloudera, MAPR, Hortonworks, IBM, entre outras.

Hadoop e seu Ecossistema, que vamos conhecer aqui, tem se tornado cada vez mais atraente para empresas de todos os portes, principalmente as pequenas, que precisam de tecnologias de baixo custo e alto impacto para sobreviverem.

SEÇÃO 1 – COMPONENTES DO ECOSSISTEMA

A plataforma Hadoop é constituída por um Ecossistema, com seus componentes centrais que são HDFS, YARN e MapReduce.

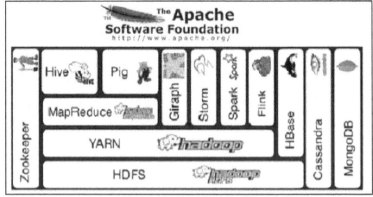

figura - Ecossistema Hadoop (créditos Apache Foundation)

Neste ecossistema temos os seguintes componentes:

1. HDFS, YARN e MapReduce (Componentes Centrais do Hadoop)

2. HDFS (Sistema de Gerenciamento de Arquivos)

3. YARN (Gerenciador de Recursos e Agendamentos de Serviços)

4. MapReduce (Modelo de Programação Paralela)

5. Linguagens de alto nível (PIG para Script e Hive para pesquisa SQL)

6. Processamento de Grafos (Giraph)

7. Processamento em tempo real e em memória (Storm, Spark, Flink)

8. Banco de Dados NoSQL (HBase, Cassandra, MongoDB)

9. Gerenciamento de Serviços (Zookeeper)

SEÇÃO 2 – HDFS

HDFS (Hadoop Distributed File System) é o Sistema de Gerenciamento de Arquivos do Hadoop, onde são criados, armazenados e lidos os arquivos de grandes volumes de dados manuseados em Big Data.

HDFS é um sistema de arquivos com armazenamento distribuído para todos os nós, racks e clusters de uma rede. HDFS gerencia estas estruturas, permitindo que os dados sejam manipulados pelas aplicações de Hadoop.

figura - Hadoop HDFS (créditos Apache Foundation)

O que são Nó, Rack e Cluster?

Um **nó** de uma rede equivale a um computador. Agrupando 30 ou 40 nós de uma rede, criamos um **rack** (armário) de computadores, e agrupando vários racks, temos então um "**cluster**".

Hadoop trabalha com **clusters de computadores**, com HDFS gerenciando os arquivos distribuídos por entre centenas ou milhares de nós de uma rede.

Características do HDFS

1. Desenhado para manusear uma grande variedade de dados, desde arquivos .TXT, arquivos geoespaciais e os de sequenciamento genético entre outros.
2. Organizado por blocos de dados, contendo 64MB ou 128MB cada um.

figura - Nós, Racks e Clusters de uma Rede (créditos <u>pexels</u>)

3. Seguro contra falhas de hardware, replicando os blocos em múltiplos nós, com acesso paralelo a cada um deles
4. Escalável com capacidade para gerenciar bilhões de arquivos contendo Giga, TeraBytes e PetaBytes de dados.
5. Fornece um mapa onde se encontram blocos distribuídos em uma rede que podem ser visualizados pelo administrador de Hadoop.

Exemplo de Instalação Hadoop

Por exemplo, uma instalação de Hadoop poderia ter 50 clusters e estar distribuída mundialmente para as operações de uma empresa.

Imagine que um Cientista de Dados, precise armazenar 400 TB de dados não estruturados para iniciar uma análise exploratória de dados.

Hadoop distribuiria estes dados em blocos nos clusters da rede e para evitar falhas, replicaria cada bloco pelo menos três vezes, sendo necessários 1.2 PB (400TB x 3) de espaço de armazenamento para iniciar este trabalho.

A comunicação com HDFS é feita através de linhas de comando, ou mesmo interface gráfica em algumas implementações Hadoop.

A linha de comando a seguir enviada para o HDFS lista em tela os arquivos contidos no diretório **/user/pasta/arquivos**.

linha de comando: hdfs -ls /user/pasta/arquivos

Se você utiliza Linux ou macOS terá facilidade em utilizar os comandos nativos de HDFS a partir de interfaces de linhas de comandos.

Para testar Hadoop, realize um download na Cloudera e instale em um computador com pelo menos 8GB de Memória, utilizando o VirtualBox.

Existem bons cursos Introdutórios de Hadoop para desenvolver habilidades em seu uso.

Seção 3 - YARN

YARN é uma camada de software (framework) introduzida no Hadoop 2.0, responsável por distribuir os recursos computacionais como uso de memória e processamento para os serviços executados pelas aplicações, otimizando o processamento paralelo.

YARN é como um gerente, que indica quem, quando e onde devem ser realizados os processamentos dos diferentes serviços dentro do ecossistema Hadoop e quais recursos devem ser alocados para cada tarefa.

figura - Hadoop YARN (créditos Apache Foundation

YARN fornece um agendamento (Schedule) sofisticado para utilização dos recursos computacionais da rede, distribuídos em várias estruturas paralelas responsáveis pelas operações dos dados armazenados em HDFS.

YARN fornece uma nova arquitetura de processamento de dados, levando a computação onde se encontram os dados (nós da rede), e não ao contrário, buscando e trafegando os dados para serem processados em um único local. Este conceito, favorece a velocidade do processamento distribuído.

YARN trabalha em sintonia fina com o HDFS para que os arquivos de dados possam se acessados e arquivos de programas executados.

As melhorias do Ecossistema Hadoop não param, e Hadoop 3.0 melhora ainda mais os serviços de YARN, tornando-o mais escalável.

Seção 4 - MapReduce

MapReduce é um modelo de programação paralela, para grandes coleções de dados, utilizando computação distribuída em clusters.

Oferece acesso a partir de interfaces de alto nível para desenvolvimento de aplicações a partir de ferramentas de alto nível como Hive, Pig e linguagens como Scala e Python.

figura - MapReduce (créditos Apache Foundation)

O método foi desenvolvido pela Google para indexar URLs por palavras após um rastreamento na web. Com isto foi possível estabelecer classificações de uso destas páginas, e selecionar as mais utilizadas. MapReduce está na base do mecanismo de busca da Google, através da implementação do algoritmo "PageRank" e da venda de propaganda digital.

Um modelo de MapReduce é o chamado Wordcount (contador de palavras) para aplicações textuais, com identificação de palavras em documentos. Dai derivam muitas aplicações, desde estruturação de um documento em palavras chaves até identificação de palavras a serem digitadas a partir de um teclado de celular, para aplicações de processamento em linguagem natural.

MapReduce revolucionou o tratamento de grandes volumes de dados estabelecendo as bases da programação de computadores para Big Data.

SEÇÃO 5 – LINGUAGENS PIG E HIVE

PIG e Hive são linguagens de Script, que traduzem comandos de alto nível para serem executados por MapReduce, simplificando a programação de Hadoop, que utiliza nativamente a linguagem Java.

Com isto, o desenvolvimento em Hadoop ficou simplificado, aumentando a produtividade dos programadores e permitindo que profissionais não especializadas em Java, se tornassem usuários e programadores de Hadoop.

PigLatin é a linguagem de fluxo de dados oferecida por PIG, que não exige que os dados tenham um esquema (como em SQL com tabelas e relacionamentos) e por esta razão é adequado ao processamento de dados não estruturados.

figura – Hive e Pig (créditos Apache Foundation)

Hive, por sua vez, transforma Hadoop em uma Data Warehouse (armazém de dados), utilizando o dialeto SQL para consulta de dados, chamado de HiveSQL. Implementa scripts muito semelhantes ao SQL simplificando o trabalho e a migração para Hadoop de profissionais que trabalham com banco de dados.

Assim como SQL (linguagem dos bancos de dados), Hive pode ser executado também de maneira interativa, facilitando o desenvolvimento de aplicações.

Seção 6 – Processamento de Grafos Giraph

Giraph, é uma implementação escalável e tolerante à falhas de algoritmos de processamento de grafos em clusters Hadoop para milhares de nós de computacionais.

É utilizado em larga escala pelo LinkedIn, Twitter e Facebook para análises de redes sociais, com a representação de bilhões ou trilhões de conexões em conjuntos de dados para identificar popularidade, importância, localização e interesses entre os usuários.

figura - Apache Giraph (créditos Apache Foundation)

Um Grafo é composto por conjuntos de nós ou objetos que se conectam entre si por arestas, e que podem ser representados em forma matricial para serem processados por computadores.

São utilizados para modelar "coisas" como redes rodoviárias, redes sociais, fluxo de mercadorias, etc.

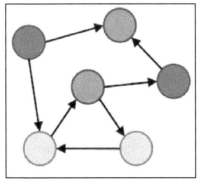

figura - Grafo (créditos autor)

A Web com suas páginas HTML, pode ser vista como um enorme grafo, onde as páginas são os vértices conectados por arestas que representam os links. Um grafo da Web tem vários bilhões de vértices e vários bilhões de arestas.

SEÇÃO 7 – HBASE, CASSANDRA E MONGODB

Banco de Dados Relacionais (RDBMS) é uma tecnologia utilizada em larga escala em sistemas comerciais, bancários, reservas de voo, ou aplicações com dados estruturados. SQL (Structured Query Language) é a linguagem de consulta orientada para estas aplicações.

figura - Banco de Dados (créditos pixabay)

Aplicações de Banco de Dados, se destacam na consistência de esquemas de dados, podem ser escalados, mas não foram projetados para um dimensionamento infinito.

A necessidade de analisar dados em grades volumes, de diversas fontes e formatos, fez surgir a tecnologia **NoSQL** (**Not only SQL** - Não somente SQL). Não são relacionais e não são baseados em esquemas (regras que governam dados ou objetos).

Em essência todas as implementações NoSQL buscam manuseio em escala de grandes volumes de dados não estruturados.

Bancos NoSQL podem crescer sem fim e se concentram mais em desempenho, permitindo a replicação dos dados em vários nós da rede, lendo, escrevendo e processando dados a velocidades inimagináveis, usando os paradigmas de processamento paralelo distribuído.

NoSQL podem ser usados em análises de dados em tempo real, como personalização de sites a partir do rastreamento do comportamento do usuário, IoT (Internet das Coisas) como em telemetria de dispositivos móveis.

Tipos de NoSQL

Os três principais tipos de NoSQL são.

1. Column Database (orientados por colunas)
2. Key-Value Database (orientados por chave/valor)
3. Document Database (orientados por documentos)

1 - Column Database

Um banco de dados NoSQL que armazena dados em tabelas e as gerencia por colunas ao invés de linhas, é chamado de banco de dados colunar CDBMS (columnar database management system). Colunas se transformam em arquivos de dados.

Um dos benefícios é que os dados podem ser compactados, permitindo que operações como cálculos de mínimo, máximo, soma, contagem e médias, sejam executadas rapidamente.

Podem ser auto indexados, usando menos espaço em disco do que um sistema de banco de dados relacional contendo os mesmos dados.

Apache HBase

É um NoSQL orientado por Colunas. Ele é popular pois foi construído para ser executado no topo de Hadoop com HDFS.

figura - Apache Foundation (créditos Apache Foundation)

Foi projetado a partir dos conceitos do primeiro banco de dados colunar desenvolvido pela Google, o BigTable. É bastante útil para pesquisa em tempo real, leitura e acesso de grandes volumes de dados.

2 - Key-Value Database (Orientado por Chave/Valor)

Um NoSQL orientado por chave/valor armazena dados em coleções de pares de chave/valor. Por exemplo, um RA de um aluno pode ser a chave, e o nome do aluno pode ser o valor.

Trata-se de um dicionário, armazenando um valor, como um número inteiro, e uma string (estrutura de arquivos JSON ou Matriz), juntamente com a chave para fazer referência a esse valor.

Apache Cassandra

Cassandra é um poderoso NoSQL baseado no modelo chave/valor. Foi originalmente desenvolvido pelo Facebook em 2008, sendo extremamente escalável e tolerante à falhas. Foi desenvolvido para resolver problemas analíticos de Big Data em tempo real envolvendo Petabytes de dados usando MapReduce.

figura - Apache Cassandra (créditos Apache Foundation)

241

Cassandra pode ser executado sem Hadoop, mas se torna extremamente poderoso quando conectado ao Hadoop e HDFS.

3 - Document Database (Orientado por Documentos)

NoSQL orientados a documentos são semelhantes aos de chave/valor.

Eles organizam os documentos em coleções análogos a tabelas relacionais, e a pesquisa pode ser feita baseada também em valores, e não apenas baseada em chave.

MongoDB

É um NoSQL orientado para documentos, desenvolvido pela própria MongoDB Inc., e distribuído gratuitamente pela Apache Foundation.

MongoDB armazena dados no formato JSON de documentos como se fossem esquemas, significando que os campos podem variar de um documento para outro e a estrutura de dados podendo ser alterada ao longo do tempo.

figura - Apache MongoDB (créditos Apache Foundation)

Pode ser executado individualmente sem Hadoop, mas se torna muito poderoso quando conectado à Hadoop e HDFS.

SEÇÃO 8 – FLUME E SQOOP

Para capturar dados ou move-los para dentro de Hadoop temos duas ferramentas que fazem parte do Ecossistema Hadoop, chamadas de FLUME e SQOOP.

APACHE FLUME

Flume é um software livre, desenvolvido pela Cloudera, e entregue para gestão da Apache Foundation.

Flume permite que dados streaming, vindos de diversos locais possam ser "injetados" ou movidos para dentro de clusters Hadoop e gravados em HDFS.

fig. Apache Flume (créditos Apache.org)

Flume é muito utilizado para coleta de arquivos de logs de uma rede mundial de clusters, sendo gravados em HDFS para serem analisados em tempo real ou mesmo posteriormente.

APACHE SQOOP

Sqoop é um software de código aberto projetado para transferir dados entre sistemas de banco de dados relacionais e Hadoop.

figura - Apache Sqoop fig. Apache Flume (créditos Apache.org)

Utilizado em Data Warehouse (armazéns de dados) para a extração de dados estruturados para serem analisados em Hadoop.

Seção 9 – Spark, Storm e Flink

Processamento em Lote (batch) são operações com grandes conjuntos de dados estáticos baseados em leitura e gravação em disco, retornando o resultado posteriormente quando a computação já tiver sido concluída.

Hadoop com MapReduce, é uma operação típica em Batch, e, portanto mais lenta quando comparada com os processos chamados "in-memory" (processamento em memória). Lembrando que estamos falando em TB, PB e EB de dados a serem processados.

SPARK

Spark É um framework que não utiliza a camada MapReduce do Hadoop, e sua principal motivação é realizar processamento "em memória" ao invés em disco como é feito em MapReduce.

figura - Apache Spark (cortesia Apache Foundation)

O ganho de performance é enorme, pois o acesso aos dados em memória são realizados em nanosegundos enquanto as em disco em milesegundos.

Spark surgiu na Universidade da Califórnia Berkeley, em 2009, como um projeto de pesquisa para acelerar a execução de algoritmos de Aprendizado de Máquina na Plataforma Hadoop e se tornou projeto principal da Apache Foundation.

Os criadores de Spark, fundaram a empresa Databricks (www.databricks.com) que continua o desenvolvimento de Spark oferecendo plataforma e serviços.

Spark foi desenvolvida para resolver as limitações de MapReduce, que não mantém o dado em memória após o processamento para uso e análise imediata.

Spark fornece camadas para SparkSQL, Spark Streaming, MLib (Machine Learning) e GraphX (para grafos) o que permite o uso e a construção de novas bibliotecas de software.

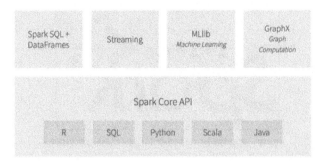

figura - Ecossistema Spark (créditos <u>databricks</u>)

O desenvolvedor em Spark pode utilizar Scala, Python, Java e R como linguagens.

Spark vem se tornando essencial para empresas que desejam implementar Big Data e também importante na formação do Data Scientist.

Apache Storm

Dados em streaming são gerados, inseridos e analisados em tempo real. Eles incluem uma ampla variedade de dados, como logs gerados por dispositivos, comércio eletrônico, geração de dados por sensores em Internet das Coisas, informações de redes sociais, serviços geoespaciais, entre outros.

<u>Storm</u>, é um framework de Hadoop, para streaming de dados, que se concentra em cargas de trabalho que exigem processamento próximo do tempo real.

figura - Apache Storm (cortesia Apache Foundation)

Ele é escalável, tolerante à falhas, fácil de instalar, configurar e programar. Pode lidar com grandes quantidades de dados e produzir resultados em menos tempo do que outras soluções análogas.

Storm pode ser utilizado para análise de dados em tempo real, aprendizado de máquina, computação para Internet das Coisas, ETL, entre outras.

Apache Flink

Flink é um framework para Hadoop para dados em streaming, que lida também com processamento em lote.

figura - Apache Flink (cortesia Apache Foundation)

Os lotes de streaming são finitos, ou seja, você recolhe uma certa quantidade de dados, como por exemplo 500 mil tuites do Twitter, e os trata como um lote de dados para ser processado em Batch e analisados.

Flink trata o processamento em lote como um subconjunto do processamento de fluxo, chamado de método de processamento primário, com fluxos usados para complementar e fornecer resultados de uma análise de dados.

As aplicações podem ser consideradas as mesmas que relacionamos para Storm, considerando fluxos, ou parte finita dos dados a serem analisados.

Flink é um software livre da Fundação Apache (https://flink.apache.org/)

Apache Kafka e Apacha Samza

O ecossistema Hadoop cresce a cada dia em busca de performance.

Recentemente surgiram mais duas ferramentas orientadas para streaming de dados que são **Apache Kafka** e **Apache Samza**.

Apache Kafka é uma plataforma distribuída para streaming de dados, usada para construir aplicações utilizando estruturas de dados capturadas em tempo real (chamadas de pipelines) em dezenas e centenas de clusters ao mesmo tempo.

Apache Samza é um framework para processamento distribuído de streaming de dados. Utliza Kafka para mensagens, YARN para tolerância falha e gerenciamento de recursos.

Seção 10 – A Importância de Spark

Spark é uma das frameworks de Hadoop, que tem feito muito sucesso.

Apache Spark é um framework para processamento distribuído em Big Data, objetivando velocidade e análise em tempo real. Utiliza Scala, Python, Java e R, assim como bibliotecas SQL e streaming.

Quando se fala em aplicações de Big Data em tempo real, Spark é a solução de mercado mais utilizada neste momento. O Spark permite que aplicações em clusters Hadoop, rodem 100 vezes mais rápido do que MapReduce, pois trabalha em memória e não em lotes, utilizando unidades de disco rígido.

figura - Apache Spark (cortesia Apache Foundation)

O Spark é muito versátil e acessa dados em diversos formatos oriundos de diversas plataformas como MySQL, Amazon S3, HDFS, CouchBase, etc.

Spark é atrativo quando se fala em análise complexas em Big Data, que são aplicações que utilizam dados de diversas naturezas (estruturados e não estruturados) envolvendo texto, banco de dados, grafos, redes sociais, streaming, entre outros em uma única aplicação.

Muitas empresas têm investido em Hadoop, para implementar Data Lake (Lago de Dados), e uma vez que os dados esteja em Hadoop, pode-se extrair valor deste dados, e se houver necessidade de análise de dados em tempo real, então deve-se utilizar Spark.

SEÇÃO 11 - ZOOKEEPER

Sistemas distribuídos são escaláveis, redundantes e seguros, mas precisam de coordenação considerando a grande quantidade de nós, clusters geograficamente dispersos, tipos de software e recursos de rede.

Sistemas operacionais de redes, como Windows Server e o Linux, fornecem serviços de coordenação dos recursos disponíveis na rede, como o DA (Diretório Ativo) do Windows Server.

Apache ZooKeeper é o serviço de coordenação de recursos em rede do Hadoop, capaz de manter as informações de configuração atualizadas.

figura - Apache ZooKeeper (créditos Apache Foundation)

Apache ZooKeeper é o serviço de coordenação de recursos em rede do Hadoop, capaz de manter as informações de configuração atualizadas.

É utilizado para nomeação permitindo que um nó de rede encontre outro em um conjunto de milhares de máquinas. Resolve problemas de sincronização dos milhares de servidores distribuídos em rede utilizando blocos, barreiras e filas. É utilizado em serviços de eleições de líderes da rede, que são os computadores que mantém as listas de recursos e nós que estão ativos de toda a rede.

ZooKeeper é simples de utilizar, prático e confiável. É software livre da Apache Foundation (https://zookeeper.apache.org/)

SEÇÃO 12 – CONSIDERAÇÕES DO ECOSSISTEMA

O Ecossistema Hadoop é excelente oferecendo um conjunto de ferramentas para a implementação de Big Data nas empresas.

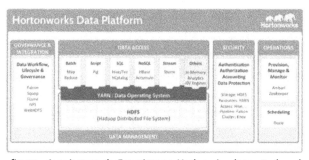

figura - Arquitetura do Ecossistema Hadoop implementado pela Hortonworks (créditos Hortonworks)

As empresas distribuidoras de Hadoop, como Cloudera, MapR e Hortonworks, implementam o Ecossistema de Hadoop com leves alterações em função dos produtos e serviços que oferecem ao mercado.

Além das ferramentas citadas, vamos relacionar mais algumas outras pertencentes do Ecossistema de Hadoop.

1. Ambari - Administração servidores de Hadoop.
2. Lucene - Indexação de documentos.
3. Sorl - Plataforma de busca textual de Lucene.
4. Oozie - Fluxos e agendamento de jobs.
5. Mahout - Aplicações de Machine Learning.
6. Tez - Aplicações de processamento em Batch.
7. Avro - Serialização de dados e codificação do esquema de arquivos Hadoop.
8. Drill - Execução de análises interativas em conjuntos de dados de larga escala. Semelhante ao Dremel do Google.
9. Elasticsearch - Mecanismo de pesquisa criado no Lucene, em Java.
10. HCatalog - Serviço centralizado de gerenciamento e compartilhamento de metadados para o Hadoop.
11. Kudu - Complemento para análise de dados colunar em grande velocidade utilizando HBase, Impala e Spark, com várias cargas de trabalho analíticas em tempo real.
12. Oozie - O Oozie é um sistema de fluxo de trabalho e coordenação que gerencia trabalhos do Hadoop.

Conclusão:

Se um empresa deseja iniciar projetos de Big Data, a plataforma de escolha deve ser Hadoop além de boa parte das ferramentas de seu ecossistema, consideradas software livre.

Hadoop e seu Ecossistema são utilizados para desenvolver aplicações ousadas para lidar com grandes volumes de dados, pensando em obter insights para melhorar a qualidade dos negócios.

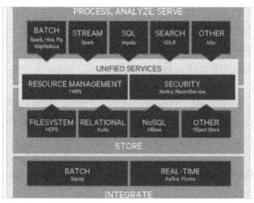

figura - Arquitetura do Ecossistema Hadoop implementado pela Cloudera (créditos Cloudera)

APÊNDICE 2 -. INTRODUÇÃO AO MAPREDUCE

A primeira versão de Hadoop, iniciada há mais de 10 anos, era composta pelo sistema de arquivos HDFS e uma camada de software (framework) chamada de MapReduce.

MapReduce é um modelo de programação para processamento em paralelo de grandes volumes de dados distribuídos em clusters.

É um paradigma de programação, onde o desenvolvedor pensa de forma diferente da programação tradicional, que explicaremos aqui da maneira menos técnica possível.

As principais características de MapReduce são:

- É fácil de usar, mesmo por programadores sem experiência em processamento distribuído.

- Permite ao programador focar no problema e esquecer detalhes de implementação dos sistemas distribuídos.

- Uma variedade de problemas pode ser expressa em MapReduce.

- Simplifica a computação em larga escala e de grandes volumes de dados.

Map e Reduce

A base de uma aplicação MapReduce consiste em dividir e processar conjuntos de dados com o uso das funções Map e Reduce, implementadas pelo Programador em função do problema que está sendo tratado.

Não é preciso realizar nenhum tipo de programação extra para garantir que os processos serão executados de forma paralela.

É uma solução para resolver problemas envolvendo análise de dados em larga escala.

Pode ser implementado nas linguagens PIG, HIVE, Scala, Java e Python.

SEÇÃO 1 – MAPREDUCE NA PRÁTICA

O MapReduce é baseado no paradigma de programação funcional, adotando duas funções que dão nome ao modelo: a função Map e a função Reduce, executadas em etapas distintas.

O modelo estabelece uma abstração que permite construir aplicações com operações simples, escondendo os detalhes da paralelização. Tais funções transformam um grande volume de dados de entrada em um conjunto resumido e agregado na saída.

Map é uma função de mapeamento que distribui os dados em diversos nós para processamento e armazenamento.

Reduce uma função que agrega e sumariza os resultados obtidos no mapeamento, para gerar um resultado final.

Twitter, Facebook, Google, Amazon e muitas empresas que utilizam Hadoop se valem do MapReduce em suas aplicações.

Exemplo do Word Count

Talvez a mais famosa das aplicações de MapReduce, utilizada pela Google, para identificar palavras chaves, é a chamada "WordCount" (Contador de Palavras).

Como padrão de MapReduce, a função Map recebe uma tupla (**<chave><valor>**) como entrada e gera um conjunto intermediário de dados, também no formato (**<chave><valor>**).

A função Reduce recebe como entrada as tuplas de (**<chave><valor>**) executadas para cada chave intermediária, com todos os conjuntos de valores associados àquela chave.

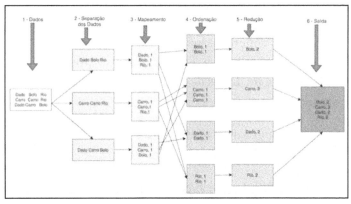

figura - Exemplo de MapReduce (créditos autor)

Neste exemplo, os dados em formato de texto foram separados, e mapeados, utilizando a chave

<palavra><valor> (**<Bolo><1>**), em seguida ordenados, e depois reduzidos como **<palavra><valor>** (**<Bolo> <2>**) e ao final temos então como resultado que a palavra **Bolo** ocorre 2 vezes, **Carro** três vezes, **Dado** duas vezes e **Rio** duas vezes.

MapReduce recebe uma entrada, divide-a em partes menores, executa o código do mapeado em todas as partes e, em seguida, fornece os resultados para um ou mais redutores que mesclam todos os resultados em um único apenas.

Exemplo com Figuras

O exemplo visual a seguir mostra a contagem dos elementos gráficos semelhantes. Este exercício foi aplicado em um Curso de R na especialização de Data Science na Coursera.

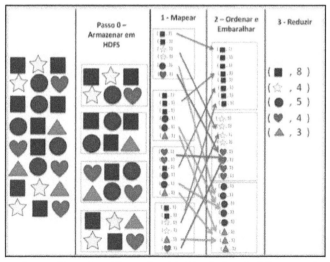

figura - Exemplo gráfico e visual de MapReduce (créditos autor)

Observe as fases Mapear, Ordenar/Embaralhar e Reduzir. Ao final encontramos 8 quadrados, 4 estrelas, 5 círculos, 4 corações e 3 triângulos.

SEÇÃO 2 – APLICAÇÕES DE MAPREDUCE

Análise de logs, análise de dados, mecanismos de recomendação, detecção de fraudes, análise de comportamento do usuário, algoritmos genéticos, problemas de agendamento, planejamento de recursos entre outros, são aplicações que utilizam MapReduce.

Vamos descrever algumas aplicações práticas desta tecnologia.

1- Redes Sociais

Somos usuários de redes sociais como Facebook, Twitter e LinkedIn para se conectar com nossos amigos e comunidade.

Muitos dos recursos, como quem visitou o seu perfil no LinkedIn, quem leu sua postagem no Facebook ou no Twitter, podem ser estimados utilizando o modelo de programação MapReduce.

2 - Entretenimento

Netflix utiliza Hadoop e MapReduce para resolver problemas tais como descobrir os filmes mais populares, o que você pode gostar com base no que assistiu, ou fornecer sugestões para usuários recém-cadastrados com base em seus interesses.

MapReduce pode se utilizado para identificar como os usuários estão assistindo aos filmes, analisando os seus logs e cliques.

3 - Comércio Eletrônico

Muitos dos provedores de comércio eletrônico, como Amazon, Walmart e eBay, utilizam o modelo de programação MapReduce para identificar produtos populares com base nos interesses dos usuários ou comportamento de compra.

Isso inclui a criação de mecanismos de recomendação de produtos para catálogos de comércio eletrônico, analisando os registros do site, histórico de compras, registros de interação do usuário e assim por diante.

Pode ser utilizado para identificar o perfil sentimental do usuário para determinado produto analisando comentários ou revisões, ou analisando logs de pesquisa para identificar quais são os itens mais populares com base na pesquisa, e quais produtos estão ausentes.

Muitos provedores de Internet utilizam MapReduce para analisar os registros do site e entender as visitas, engajamento, locais, dispositivos móveis e os navegadores utilizados.

4 - Detecção de Fraudes

Hadoop e MapReduce podem ser utilizados na área financeira, incluindo empresas como bancos, provedores de seguros, locais de pagamento para detecção de fraudes, identificação de tendências ou métricas de negócios através da análise de transações.

Bancos podem analisar dados gastos com cartão de crédito para fornecer a categorização destes gastos e fazer recomendações para diferentes ofertas, analisando comportamentos anônimos de compra ao longo do tempo.

figura ilustrativa - Detecção de Fraudes (créditos pexels)

5 - Mecanismos de Pesquisas e Anúncios

Pode ser usado para analisar e entender o comportamento de pesquisa, as tendências e os resultados ausentes de determinadas palavras-chave.

Google e Yahoo utilizam MapReduce para entender o comportamento dos usuários, como pesquisas populares durante um período de tempo de um evento como eleições presidenciais.

AdWords da Google utiliza o MapReduce para entender as impressões de anúncios veiculados, as taxas de cliques e o comportamento de engajamento dos usuários.

6 - Data Warehouse (Armazéns de Dados)

MapReduce pode ser utilizado para analisar grandes volumes de dados em armazéns de dados, enquanto se implementa uma lógica de negócios específica para obtenção de insights.

APÊNDICE 3 - INTRODUÇÃO AO DATA WAREHOUSE

Empresas geram dados estruturados em grandes volumes, que precisam ser armazenados com segurança para uso diário.

Data Warehouse (DW) ou Enterprise Data Warehouse (EDW) são repositórios, armazéns de dados empresariais consolidados, tratados com níveis de segurança absolutos para garantir a integridade do negócio e sua operação.

DW permite a integração dos dados corporativos distribuídos pelos nós da rede, capturando, armazenando dados e os tornando acessíveis aos usuários de níveis decisórios.

Dados consolidados, são dados corretos, reais, íntegros, que permitem análise e tomada de decisões baseadas em informações verdadeiras.

Dados reais são capturados a partir de Sistemas Transacionais, ou OLPT (Online Transaction Processing) que é o processamento online das operações da empresa em vários níveis de negócio tais como entrada de pedidos, transações financeiras, relacionamento com clientes, vendas de varejo, entre outros.

Centenas de usuários, estão conectados aos sistemas OLPT, gerando dados, realizando transações, negócios, e obtendo respostas de suas buscas e operações nas DW.

As DW possuem alto custo operacional, com hardware e software confiáveis, e são configuradas, administradas e mantidas seguras por profissionais especializados em tecnologia, como especialistas em banco de dados, governança de TI, administradores de redes e gerentes de sistemas corporativos entre outros.

Empresas como Oracle, IBM, Microsoft, Amazon e Google, oferecem serviços completos de Data Warehouse em nuvem, seguindo a tendência mundial de diminuir custos evitando implementar estruturas locais de tecnologia.

Seção 1 – Características do Data Warehouse

A tecnologia Data Warehouse é hoje a base dos processos conhecidos como Business Intelligence (BI) para análise de dados e tomadas de decisão.

Dados nunca são apagados de uma DW, mas sempre acrescidos novos que chegam diariamente, para manter a história dos dados que são a vida da empresa.

Os dados em uma Data Warehouse podem estar armazenados de forma **centralizada** (em um único banco de dados facilitando a busca) ou **distribuídos** (por área de interesse como vendas, mkt, financeira) e por **níveis de detalhes** (classificados para facilitar o acesso dos usuários).

figura - Data Warehouse (créditos pexels)

Diversas características são encontradas em uma Data Warehouse, tais como:

1. Fornecer suporte à tomada de decisões, principalmente as gerenciais.
2. Disponibilizar dados relevantes, consolidados, completos, consistentes e de qualidade.
3. Dar suporte à análise de dados do passado, histórico dos anos anteriores, para uma projeção do futuro da empresa.
4. Orientar, organizar e armazenar os dados por temas empresariais, considerando que as buscas e pesquisas são baseadas nesta lógica, como produtos, serviços, contas, clientes, etc.
5. Agrupar vários bancos de dados em um único local, com uma interface padrão para acesso e geração de relatórios comparativos para a tomada de decisão.
6. Realizar a junção de fontes de dados não normatizados e padronizá-los. Exemplo, o campo Estado, pode estar abreviado como "SP" em uma base, e em outra escrita por extenso como "São Paulo".
7. Facilitar acesso aos dados com interfaces de alto nível que ofereçam segurança associada a cada tipo de pesquisa.

8. Evitar a volatilidade dos dados, não permitindo alterações, considerando, filtrando e limpando os dados antes de serem armazenados.

9. Manter variação em relação ao tempo, o que significa que ao analisarmos um dado, este deve estar relacionado a um período de tempo, indicando a data que esses dados foram extraídos (ano, mês, dia, e mesmo horário).

figura - Data Warehouse (créditos pexels)

Seção 2 – ETL – Extrair, Transformar, Carregar

Antes dos dados serem armazenados de forma consolidada, eles passam por um processo de extração, filtragem, padronização e integração com os demais dados existentes.

Este processo é chamado de **ETL** (Extract-Transform-Load), Extrair, Transformar e Carregar.

A maior parte das fontes de dados são provenientes de bancos de dados, mas ETL precisa extrair dados das mais diversas fontes, ler arquivos em diferentes formatos, manter a qualidade e os padrões, organizá-los para serem utilizados posteriormente, e preparar um formato final de apresentação para que os usuários e desenvolvedores possam avalia-los para a tomada da decisão.

Etapas do ETL

As Etapas de ETL são:

1. Extrair
2. Transformar
3. Carregar

Etapa 1: Extrair Dados

A primeira etapa consiste em extrair ou capturar dados das fontes geradoras, como banco de dados, planilhas, ERP, CRM, e outros sistemas transacionais em execução nos departamentos e áreas afins da empresa.

Antes do advento de Big Data, os dados eram extraídos de fontes estruturadas, provenientes de bancos de dados relacionais, onde ocorrem a maior parte das transações e operações empresariais.

Dados não estruturados passaram a ser extraídos para atender projetos de Big Data e Ciência de Dados, aumentando a complexidade das operações no Data Warehouse.

Etapa 2: Transformar Dados

Com os dados carregados de suas fontes, é necessário avaliá-los e transformá-los, aplicando regras de negócios, realizando limpeza para campos sem significado ou vazios, filtrando os dados mais relevantes, reorganizando as estruturas de dados segundo os padrões sistêmicos e os tornando confiáveis.

São cuidados especiais que devem ser tomados para que os dados se tornem reais, verdadeiros e prontos para uso futuro.

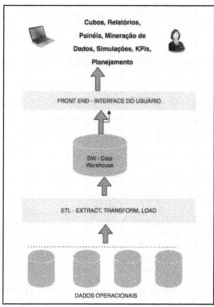

figura - Processo de ETL (créditos autor)

Etapa 3: Carregar os Dados

A terceira etapa, consiste em carregar os dados extraídos e transformados, para dentro do Data Warehouse garantindo a sua qualidade, que denominamos de "consolidação dos dados".

Processos de ETL são também empregados em vários outros momentos dentro da empresa, em departamentos que buscam os dados para filtrá-los e transformá-los para posterior análise.

Ferramentas de ETL

Empresas como Amazon, Microsoft, Oracle entre outras oferecem ferramentas de software prontas para ETL, mas é possível desenvolver outras internamente na empresa.

Ferramentas de ETL podem vir integradas a um SGBD (Sistema Gerenciador de Banco de Dados), ou serem fornecidas por empresas de software independentes.

É preciso avaliar as ferramentas e as possibilidades oferecidas, assim como as interfaces e facilidade de uso, tanto por desenvolvedores quanto por usuários envolvidos no acesso aos dados.

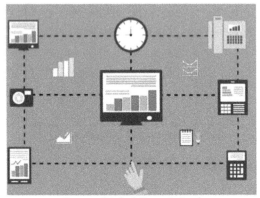

figura - ETL (créditos pixabay)

268

SEÇÃO 3 – INTELIGÊNCIA NOS NEGÓCIOS - BI

A principal finalidade da existência do Data Warehouse, é fornecer suporte para as decisões de usuários finais, como gerentes, administradores e analistas de negócios. As atividades desenvolvidas para estes "usuários especializados" são conhecidas como "Business Intelligence" (BI) ou "Inteligência nos Negócios".

BI são técnicas, métodos, ferramentas e tecnologias disponíveis para usuários analisar dados procedentes da DW, que servirão aos processos decisórios da empresa.

Analistas de Inteligência nos Negócios, são profissionais dedicados aos métodos de BI, especializados em arquiteturas, bancos de dados, aplicações e metodologias para realizar análise de dados.

Eles não são os únicos que usam BI, pois outros usuários departamentais também precisam do acesso às informações para níveis decisórios.

Como a Análise de Dados vem ganhando cada vez mais importância nos processos decisórios, o principal benefício de BI, seria a sua capacidade de fornecer informações objetivas e precisas, dando suporte para as decisões empresariais por usuários não especializados.

Na figura a seguir temos uma arquitetura, com os processos de ETL contendo as fases de Coleta dos Dados, Consolidação e Análise e Distribuição.

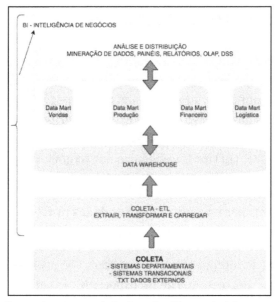

figura - Arquitetura de Business Intelligence (créditos autor)

O acesso, extração e recuperação dos dados de uma DW, do ponto de vista de BI, podem ser feitas das seguintes formas:

1. Ferramentas de Consulta e Emissão de Relatórios
2. Dashboards (Painéis Digitais)
3. Ferramentas OLAP
4. Ferramentas de Data Mining
5. DSS e EIS

Descrevendo resumidamente cada uma delas.

1 - Ferramentas de Consulta e Emissão de Relatórios

Conjunto de ferramentas de análise de negócios, cujo principal objetivo é auxiliar na análise e compartilhamento de dados.

Podem estar associadas a ferramentas de banco de dados ou de visualização de dados como o Tableau por exemplo.

Facilitam a pesquisa e uso dos dados pelos usuários, para resolver problemas pontuais, mas trazem limitações para a resolução de problemas mais complexos, onde é preciso aplicar técnicas de OLAP e Data Mining.

figura - Business Intelligence (créditos pexels)

2 - Dashboards

Dashboards são painéis, constituídos por diferentes tipos de informações interconectadas, apresentadas de forma gráfica e em tempo real para análise de dados pelos usuários.

Algumas ferramentas de visualização de dados como o Tableau ou Qlik simplificam as tarefas de preparação de painéis facilitando a análise visual dos dados.

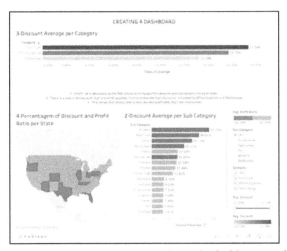

figura - Tableau para Mineração dos Dados (créditos autor)

Power BI da Microsoft, corresponde a um conjunto de ferramentas de análise de negócios, que tem como principal objetivo auxiliar na análise e compartilhamento de ideias, fornecendo uma visão de 360º das métricas mais importantes atualizadas em tempo real.

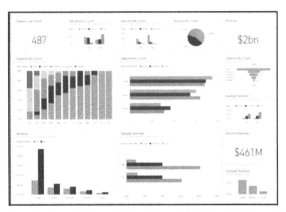

figura - Microsoft Power BI Dashboard (créditos MS Power BI)

3 - Ferramentas OLAP

OLAP (On-Line Analytical Processing) são ferramentas que sintetizam grandes volumes de informações sobre a empresa, através de comparações, visões personalizadas, análise histórica e projeção de dados em vários cenários.

Por serem intuitivas permitem uma visão conceitual multidimensional dos dados em diferentes perspectivas dos negócios da empresa, facilitando o trabalho dos analistas. Por exemplo, podemos visualizar o volume de vendas em função de produto, mês e região. Estas dimensões geram um Cubo de dados para a análise multidimensional.

4 - Ferramentas de Data Mining

Mineração de Dados, é o processo de extrair informações específicas a partir de grandes bases de dados, à procura de padrões consistentes, como regras de associação ou sequências temporais, para detectar relacionamentos sistemáticos entre variáveis.

O Data Mining é uma ferramenta de especialistas, exigindo conhecimentos de algoritmos específicos, arquitetura dos dados e Aprendizado de Máquina.

Trata-se de uma análise de dados avançada orientada para uso intensivo de métodos estatísticos, matemáticos e computacionais.

5 - DSS e EIS

Um **DSS** (Decision Support System) é um sistema de suporte à decisão, uma aplicação para computador, que analisa os dados de negócios e os apresentam para que usuários possam tomar decisões.

Um **EIS** (Executive Information System) é um sistema de informação executivo, uma aplicação que facilita e apoia as necessidades de informação e tomada de decisão de executivos sênior.

EIS é considerado uma forma especializada de sistema de apoio à decisão (DSS).

SEÇÃO 4 – DATA LAKE (LAGO DE DADOS)

Data Warehouse, é otimizada para BI, análise de dados estáticos, estruturados e consolidados, mas, não um bom modelo para Big Data que busca dados brutos, gerados na fonte, em diferentes tipos e formatos, para geração de insights.

Big Data necessita da criação de novos modelos e estratégias de armazenamento, que Data Warehouse ainda não consegue fornecer.

Os Cientistas de Dados sabem que é preciso entender os dados, à medida que vão chegando, detectando tendências e pensando em possíveis perguntas a serem formuladas.

Em Big Data não é possível confirmar o tipo de análise de dados que será feita, antes dos dados serem armazenados, e o trabalho de "wrangling" ou preparação dos dados, ocorre quase que ao mesmo tempo em que surgem perguntas, respostas, desconfianças, intuições e insights sobre os dados.

Não faz sentido, buscar insights em DW, onde os dados foram concebidos para responder questões analisadas por BI.

BI trata dados estáticos, para responder perguntas sobre dados do passado, e Big Data trata de dados dinâmicos, não estruturados, objetivando obter previsões e formular profecias, para o futuro.

Um novo conceito chamado Data Lake (Lago de Dados) surgiu para se contrapor ao de Data Warehouse, considerada até então, o único local de armazenamento dos dados.

figura ilustrativa - Data Lake (créditos pexels)

A ideia é ter repositórios de dados brutos dentro da empresa, que estejam disponíveis a qualquer pessoa que precise fazer análise sobre eles, em especial os Cientistas de Dados.

O conceito de repositório central com baixo custo, armazenando todos os tipos de dados, sem qualquer processamento ou governança, pode ser um sonho, ou um pesadelo, mas já existem empresas desenvolvendo serviços nesta direção.

Data Lake é um conceito e não uma tecnologia. É uma estratégia para armazenamento de dados, sendo Hadoop a tecnologia mais utilizada para criar Lago de Dados.

Data Lakes são preparados para o consumo de dados. Data Scientist podem montar os seus próprios esquemas de dados, coletando, importando e processando dados para análise.

Depois de analisados e trabalhados, os dados do Data Lake podem ser levados para dentro do Data Warehouse, desde que estas estejam preparadas para recebê-los.

Todos os interessados em utilizar Data Lake, devem estar envolvidos como o Data Scientist, Analista de Dados, gerentes de TI, especialistas em armazenamento, entre outros.

Data Lake não substituem as plataformas de BI existentes, mas agregam valor, com novas descobertas e insights.

Críticos dizem que os Data Lake são apenas lixeiras para dados de qualidade questionável, um pântano de dados dentro da empresa. Outros dizem que existem problemas de segurança e privacidade a serem resolvidos.

Isto não incomoda os Cientistas de Dados, que conhecem bem as técnicas de tratamento dos dados a serem aplicadas para resolver os problemas de qualidade. A importância dos Data Lake cresce, à medida, que os Cientistas de Dados derivam novos conhecimentos sobre dados não estruturados.

Pode ser que o Data Lake no futuro venha a substituir a DW, considerando a explosão do volume de dados, a velocidade e a necessidade de coletar informações para a geração de insights.

Data Lake é um novo paradigma, que pode democratizar os dados dentro da empresa, para uso de todos os departamentos, e alterar significativamente as operações orientadas para dados.

Seção 5 – Armazém de Dados em Nuvem

Data Warehouse (DW) e Business Intelligence (BI) I ajudaram as empresas a identificar novos mercados, abrir novos clientes, reter os atuais e concentrar esforços nos mais rentáveis, além de reduzir custos. Diversas indústrias se beneficiaram destas tecnologias, tais como varejo, seguros, companhias aéreas, telecomunicações entre outras.

As aplicações de Data Mining têm tornado os DW ainda mais valiosos, ao tentar descobrir padrões ocultos nos dados para obter vantagens empresariais e de negócios aplicados principalmente à venda e abertura de novos mercados.

Os maiores fornecedores de produtos e serviços para DW são Teradata, Oracle, IBM, Microsoft e SAP, e as tendências futuras apontam para armazenamento e análise de redes sociais, carga de dados, análise em tempo real e computação de nuvem.

figura - Armazéns de Dados na Nuvem (créditos pixabay)

A computação de nuvem passou a oferecer uma nova abordagem, com facilidades para montar uma DW ou Data Lake, licenciar produtos, alocar recursos por demanda, e principalmente, reduzir custos.

As plataformas de nuvem que estão ofertando estes serviços são a Amazon Redshift, Teradata, IBM DashDB, Microsoft Azure.

A Amazon Redshift foi a primeira a entrar e dominar o mercado. Embora inicialmente não oferecesse serviços de DBMS, a Amazon inovou em mineração de dados e ofertas de nuvem, por isso a sua presença em um mercado de nuvem para armazéns de dados não é de se estranhar.

O Amazon Redshift fornece serviços de hospedagem e plataforma para criar, operar e escalar uma data warehouse.

Como este mercado está no início, teremos muitas novidades que surgirão ao longo do tempo.

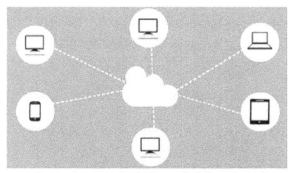

figura - Computação de Nuvem (créditos pixabay)

Por exemplo, a Snowflake é uma nova empresa que oferece um produto de software como serviço para armazéns de dados e que veio para competir com as grandes do mercado.

A computação em nuvem pode reduzir os custos através de economias de escala e permitir que pequenas e médias empresas possam criar os seus DW ou Data Lake, estando em melhores condições de competir com as grandes instituições.

AUTHOR / AUTOR

Jose Antonio Ribeiro Neto

Big Data Researcher and Consultant. UCSD Coursera Big Data Mentor. Coursera Big Data Tester. UCAM RJ INOVA EaD Big Data Author and Mentor.
Portuguese and Brazilian citizen. USA WebCT/Bb IT Account Executive (Brazilian Partnership).
BA in Mathematics. MKT Technical College. MBA in MKT Digital. Microsoft Certified System Engineer (MCSE). eLearning Specialist. Solution Selling Specialist.
IT Author. Professor. Technical Writer. IT Account Manager. Xnewdata founder. Neweducation co-founder.
Jose Antonio enjoys sport, travel, and reading. His greatest wish is that people live in peace on this planet.

LinkedIn: https://www.linkedin.com/in/joseantonio11
ePortfolio: https://joseantonio.xnewdata.com
Amazon: https://www.amazon.com/author/joseantonio
e-mail: joseantonio@xnewdata.com

www.ingramcontent.com/pod-product-compliance
Lightning Source LLC
LaVergne TN
LVHW041208050326
832903LV00021B/530